2014—2015年
中国工业和信息化发展
系列蓝皮书

2014-2015年中国北斗导航产业发展蓝皮书

The Blue Book on the Development of Beidou
Navigation Industry in China（2014-2015）

中国电子信息产业发展研究院　编著

主　编/　王　鹏
副主编/　汤文仙

人民出版社

责任编辑：邵永忠　侯天保

封面设计：佳艺堂

责任校对：吕　飞

图书在版编目（CIP）数据

2014～2015年中国北斗导航产业发展蓝皮书/王鹏 主编；

中国电子信息产业发展研究院 编著 .—北京：人民出版社，2015. 7

ISBN 978-7-01-014981-3

Ⅰ.①2… Ⅱ.①王… ②中… Ⅲ.①卫星导航—产业发展—白皮书—

中国—2014～2015 Ⅳ.① TN967.1 ② F426.63

中国版本图书馆 CIP 数据核字（2015）第 141365 号

2014–2015年中国北斗导航产业发展蓝皮书

2014–2015NIAN ZHONGGUO BEIDOU DAOHANG CHANYE FAZHAN LANPISHU

中国电子信息产业发展研究院　编著

王　鹏　主编

人民出版社 出版发行

（100706　北京市东城区隆福寺街 99 号）

北京艺辉印刷有限公司印刷　新华书店经销

2015 年 7 月第 1 版　2015 年 7 月北京第 1 次印刷

开本：710 毫米 ×1000 毫米　1/16　印张：12

字数：200 千字

ISBN 978-7-01-014981-3　定价：68.00 元

邮购地址　100706　北京市东城区隆福寺街 99 号

人民东方图书销售中心　电话（010）65250042　65289539

代 序

大力实施中国制造2025　加快向制造强国迈进

——写在《中国工业和信息化发展系列蓝皮书》出版之际

制造业是国民经济的主体，是立国之本、兴国之器、强国之基。打造具有国际竞争力的制造业，是我国提升综合国力、保障国家安全、建设世界强国的必由之路。新中国成立特别是改革开放以来，我国制造业发展取得了长足进步，总体规模位居世界前列，自主创新能力显著增强，结构调整取得积极进展，综合实力和国际地位大幅提升，行业发展已站到新的历史起点上。但也要看到，我国制造业与世界先进水平相比还存在明显差距，提质增效升级的任务紧迫而艰巨。

当前，全球新一轮科技革命和产业变革酝酿新突破，世界制造业发展出现新动向，我国经济发展进入新常态，制造业发展的内在动力、比较优势和外部环境都在发生深刻变化，制造业已经到了由大变强的紧要关口。今后一段时期，必须抓住和用好难得的历史机遇，主动适应经济发展新常态，加快推进制造强国建设，为实现中华民族伟大复兴的中国梦提供坚实基础和强大动力。

2015 年 3 月，国务院审议通过了《中国制造 2025》。这是党中央、国务院着眼国际国内形势变化，立足我国制造业发展实际，做出的一项重大战略部署，其核心是加快推进制造业转型升级、提质增效，实现从制造大国向制造强国转变。我们要认真学习领会，切实抓好贯彻实施工作，在推动制造强国建设的历史进程中做出应有贡献。

一是实施创新驱动，提高国家制造业创新能力。把增强创新能力摆在制造强国建设的核心位置，提高关键环节和重点领域的创新能力，走创新驱动发展道路。加强关键核心技术研发，着力攻克一批对产业竞争力整体提升具有全局性影响、带动性强的关键共性技术。提高创新设计能力，在重点领域开展创新设计示范，推广以绿色、智能、协同为特征的先进设计技术。推进科技成果产业化，不断健全以技术交易市场为核心的技术转移和产业化服务体系，完善科技成果转化协同推进机制。完善国家制造业创新体系，加快建立以创新中心为核心载体、以公共服务平台和工程数据中心为重要支撑的制造业创新网络。

二是发展智能制造，推进数字化网络化智能化。把智能制造作为制造强国建设的主攻方向，深化信息网络技术应用，推动制造业生产方式、发展模式的深刻变革，走智能融合的发展道路。制定智能制造发展战略，进一步明确推进智能制造的目标、任务和重点。发展智能制造装备和产品，研发高档数控机床等智能制造装备和生产线，突破新型传感器等智能核心装置。推进制造过程智能化，建设重点领域智能工厂、数字化车间，实现智能管控。推动互联网在制造业领域的深化应用，加快工业互联网建设，发展基于互联网的新型制造模式，开展物联网技术研发和应用示范。

三是实施强基工程，夯实制造业基础能力。把强化基础作为制造强国建设的关键环节，着力解决一批重大关键技术和产品缺失问题，推动工业基础迈上新台阶。统筹推进"四基"发展，完善重点行业"四基"发展方向和实施路线图，制定工业强基专项规划和"四基"发展指导目录。加强"四基"创新能力建设，建立国家工业基础数据库，引导产业投资基金和创业投资基金投向"四基"领域重点项目。推动整机企业和"四基"企业协同发展，重点在数控机床、轨道交通装备、发电设备等领域，引导整机企业和"四基"企业、高校、科研院所产需对接，形成以市场促产业的新模式。

四是坚持以质取胜，推动质量品牌全面升级。把质量作为制造强国建设的生命线，全面夯实产品质量基础，提升企业品牌价值和"中国制造"整体形象，走以质取胜的发展道路。实施工业产品质量提升行动计划，支持企业以加强可靠性设计、试验及验证技术开发与应用，提升产品质量。推进制造业品牌建设，引导企业增强以质量和信誉为核心的品牌意识，树立品牌消费理念，提升品牌附加值和软实力，加大中国品牌宣传推广力度，树立中国制造品牌良好形象。

五是推行绿色制造，促进制造业低碳循环发展。把可持续发展作为制造强国建设的重要着力点，全面推行绿色发展、循环发展、低碳发展，走生态文明的发展道路。加快制造业绿色改造升级，全面推进钢铁、有色、化工等传统制造业绿色化改造，促进新材料、新能源、高端装备、生物产业绿色低碳发展。推进资源高效循环利用，提高绿色低碳能源使用比率，全面推行循环生产方式，提高大宗工业固体废弃物等的综合利用率。构建绿色制造体系，支持企业开发绿色产品，大力发展绿色工厂、绿色园区，积极打造绿色供应链，努力构建高效、清洁、低碳、循环的绿色制造体系。

六是着力结构调整，调整存量做优增量并举。把结构调整作为制造强国建设的突出重点，走提质增效的发展道路。推动优势和战略产业快速发展，重点发展新一代信息技术产业、高档数控机床和机器人、航空航天装备、海洋工程装备及高技术船舶、先进轨道交通装备、节能与新能源汽车、电力装备、新材料、生物医药及高性能医疗器械、农业机械装备等产业。促进大中小企业协调发展，支持企业间战略合作，培育一批竞争力强的企业集团，建设一批高水平中小企业集群。优化制造业发展布局，引导产业集聚发展，促进产业有序转移，调整优化重大生产力布局。积极发展服务型制造和生产性服务业，推动制造企业商业模式创新和业态创新。

七是扩大对外开放，提高制造业国际化发展水平。把提升开放发展水平作为制造强国建设的重要任务，积极参与和推动国际产业分工与合作，走开放发展的道路。提高利用外资和合作水平，进一步放开一般制造业，引导外资投向高端制造领域。提升跨国经营能力，支持优势企业通过全球资源利用、业务流程再造、产业链整合、资本市场运作等方式，加快提升国际竞争力。加快企业"走出去"，积极参与和推动国际产业合作与产业分工，落实丝绸之路经济带和21世纪海上丝绸之路等重大战略，鼓励高端装备、先进技术、优势产能向境外转移。

建设制造强国是一个光荣的历史使命，也是一项艰巨的战略任务，必须动员全社会力量、整合各方面资源，齐心协力，砥砺前行。同时，也要坚持有所为、有所不为，从国情出发，分步实施、重点突破、务求实效，让中国制造"十年磨一剑"，十年上一个新台阶！

工业和信息化部部长 苗圩

2015 年 6 月

前　言

随着科学技术的迅速发展，以地理信息技术为载体的卫星导航系统孕育而生，成为世界主要大国国防建设和经济建设的重点。目前，世界主要航天大国和国家集团相继研发建造了各自的导航卫星系统，其他没有导航卫星系统的国家也在采取不同方式参与到全球卫星导航产业的发展之中，直接导致全球卫星导航产业发展规模日趋扩大，在2014年全球卫星导航产业达到1391亿美元。目前，卫星导航产业现在已经到了向规模化、大众化和全球化发展的十分关键的转折时期，预计在未来的几年内，卫星导航产业依然处于爆发性的增长期。

与此同时，经过10多年的启蒙和培育阶段，我国北斗卫星导航产业已经取得一定进展，目前已初具规模。特别是在我国北斗导航卫星正式提供亚太服务以后，我国北斗导航产业发展更加迅速，2012年我国卫星导航产业规模已经达到1200亿元，十年复合增长率达到56.34%；2013年产业规模达到1560亿元；经由各行业数据分析以及形势判断，赛迪智库对2014年我国卫星导航产业的产值估算为2106亿元。

一

全球竞相建设卫星导航系统，产业融合发展加速演进。在我国建设北斗卫星导航系统的同时，美国进一步强化完善全球定位系统，俄罗斯、欧盟、日本和印度等国家自主研发的卫星导航系统也竞相发展。同时，全球卫星导航产业也逐步呈现出从单一GPS应用向多系统兼容应用转变，从以导航应用为主向导航与移动通信、互联网等融合应用转变，从终端应用为主向产品与服务并重转变三大发展趋势。

从主要国家来看，美国的卫星导航系统建设最早，产业应用市场份额最高。欧洲卫星导航产业成熟稳定，形成较多有影响力企业。俄罗斯卫星导航系统恢复建设，应用范围快速拓展。印度的区域卫星导航系统逐渐成形，尚处于建设阶段。日本的卫星导航系统为基于GPS的增强系统，处于加速发展阶段。

二

目前，北斗卫星导航产业应用已经涉及国民经济的各个方面，经历了北斗一代试验系统，以及北斗二代区域覆盖的建设的北斗卫星导航产业，即将进入全球覆盖建设中。伴随着国家政策的支持和需求的不断增长将会进入高速增长的"黄金十年"时期，拥有符合高科技行业的发展规律的极高成长性，这种成长性体现在：首先，北斗卫星导航系统建设迅速。北斗二代亚太地区组网完成，能够在亚太地区提供相关卫星导航服务，这标志着整个北斗导航产业已经开始进入了一个高速发展的阶段，也显示出我国关于北斗导航系统制定的"三步走"战略进展势头符合预期，2012年，北斗卫星导航亚太地区组网正式完成，这也标志着北斗卫星导航系统区域覆盖建设基本完成。另一方面，借力于国家"示范工程"的开展，北斗卫星导航的相关产业进入快速发展通道；其次，得益于北斗导航系统技术的逐步完善和成熟和整个北斗卫星导航产业的长足进步，北斗导航也可以逐渐与 GPS 抗衡，并能够逐渐取代 GPS。尽管目前 GPS 在我国卫星导航市场上的市场份额占比超过95%，北斗也在逐渐提升自身在市场中的位置，但北斗卫星导航的精确度已经能够和 GPS 媲美，产业规模不断扩大后，北斗导航产品也就具有了相当的竞争优势，具有更好的经济性。另外，国家也在不断支持和推动北斗卫星导航系统的应用，这极大推动了北斗卫星导航的应用。

三

政策和管理是产业发展关键，建立明确而可行的政策法规是推动导航产业发展的主要做法。目前，为 GNSS 服务的主要提供商有美、欧、中、俄、日、印等国家，都有自己的政策。其中，以美国的政策发展最为成熟，最具有系统性。其他国家在政策方面都有成功的经验。

美国 GPS 系统政策主要集中在三个方面，一是民用政策；二是国家安全、国土安全和经济安全政策；三是国际合作政策，其主要特点是公开、透明和保持稳定性。

美国方面先后颁布和实施的文件包括《国家航天政策》《商业遥感政策》《天基定位、导航和授时政策》等卫星应用政策。这些政策使得美国明确了在航天产业方面的发展目标，鼓励和支持国内航天企业积极进入全球市场，推进卫星相关产业发展；明确了在各卫星导航相关领域的支持政策，努力保持美国在卫星导航相关应用领域中的领先优势。

俄罗斯在 GLONASS（格洛纳斯）系统发展过程中，总统令与政府声明构成

GLONASS 系统发展的政策基础。主要体现为《关于 GLONASS 的总统令与政府声明》(1999)、《GLONASS 2002—2011 发展计划》与《2006—2015 航天发展规划》、《俄罗斯联邦导航定位活动法法案》(2009)等。进入 2013 年，俄罗斯联邦航天局强调将建立起具有高度相关性的国际框架。首先会继续保持 GLONASS 的性能以及可操作性，特别是向 CDMA 的信号，也将会列入到 GLONASS 所提供的服务中来，提高整个性能以及它的服务质量，并且能够创造出更好的全球环境；另外，俄罗斯发布了文件，承诺将提供无差别的免费服务，对于直接用户完全免费，支持 GLONASS 性能，满足国际民航组织的标准和建议实施意见，同时满足相关国家以及国际标准。2014 年 2 月，俄罗斯总统普京签署了《2030 年前使用航天成果服务俄联邦经济现代化及共域发展的国家政策总则》，明确了各阶段航天应用任务目标，以制定符合国际标准的航天成果应用国际法律。

欧盟是一个区域型的政治实体，其开展活动的必要前提就是具有相关的权能，即被视为欧盟"宪法"的基本条约是否赋予欧盟相关的权力。就发展 GALILEO 系统而言，相关的宪法依据主要体现为《欧盟运行条约》的第 170—172 条"泛欧网络"(Trans-European Networks) 所明确的相关条款。

欧盟在卫星导航的相关政策法规建设中，突出特点是强调其专门性，注重以严格的管理和明确的分工来保障 GALILEO（伽利略）卫星导航事业的发展，积极引入新的运营模式、对新问题的规制，以及对相关机构的法律定位，并努力推动其走出地区范围，走向世界市场。

欧盟 GALILEO 系统作为世界上较为年轻的卫星导航系统之一，在其开发的过程中也体现出了较其他卫星导航系统更为新颖的开发与运营模式，对于民间资本的使用以及对于市场竞争是其推动产业发展政策的重点。

印度 1999 年末对航天工业进行重大调整，把一直由 ISRO 管理的火箭制造和卫星发射等活动逐步转交工业界，即把常规的生产制造和商业运作交给工业界和私营企业。ISRO 开始集中精力开展航天高新技术的研究与开发和系统工程管理，以及制定国家航天发展政策和管理计划。

日本 2008 年 5 月颁布《航天基本法》，把"在各个领域都最大限度地发掘航天开发利用的可能性"作为目标。2014 年，日本 QZSS 导航系统（准天顶卫星系统）的总体架构基本完成。8 月 28 日，日本防卫省出台《关于空间开发利用的基本方针》修订版。10 月 31 日，日本内阁空间政策战略司令部提交"未来 10 年空间政策基本计划"草案。这些空间政策文件明确空间力量将围绕保障"综合机动防卫力量"建设而展开，强调确保空间的安全利用。

我国相关部门从 2014 到 2015 年已经开始逐步加大了对北斗卫星导航产业的支持力度，陆续推出了一揽子的系统性产业和科技的扶持政策。2014 年 1 月 22 日，国务院发布了《关于促进地理信息产业发展的意见》（国办发〔2014〕2 号）指出"加快推进现代测绘基准的广泛使用，结合北斗卫星导航产业的发展，提升导航电子地图、互联网地图等基于位置的服务能力，积极发展推动国民经济建设和方便群众日常生活的移动位置服务产品，培育新的经济增长点"，对推动北斗重点领域快速发展、优化产业发展环境、推进科技创新和对外合作、加强财税金融支持、健全产业发展保障体系等提出了具体要求，为北斗在该领域运用提供了配套的政策保障。在推动北斗在国家应急产业中的应用，2014 年 12 月 24 日国务院在出台的《关于加快应急产业发展的意见》（国办发〔2014〕63 号）中强调"在重点方向的应急服务中强调了北斗导航应急服务"，为北斗产业链的延伸明确了方向。在投资方面，《关于创新重点领域投融资机制鼓励社会投资的指导意见》（国发〔2014〕60 号）提出了，鼓励民间资本参与国家民用空间基础设施建设，引导民间资本参与卫星导航地面应用系统建设。此外，军地相关部门从规范北斗产业化发展和运用的角度出发，先后出台了《中国人民解放军卫星导航应用管理规定》《道路运输车辆动态监督管理办法》《关于全面深化交通运输改革的意见》等政策性文件。这些相关政策的不断出台显示了国家和政府各层面对北斗卫星导航产业发展的巨大决心，也明确地引导了产业的发展方向，保证了产业的健康发展。

四

近年来，北斗的产业发展的工作遵循市场和产业化特点和规律，按照"两个重点"，抓好"五个支撑"的方向进入了加速发展的轨道。"两个重点"包括两个方面：一方面是芯片模块，这方面的主要工作就是不断提升北斗卫星导航芯片模块的研发力度和技术水平，抓紧掌握相关自主知识产权，使得北斗产业能够为北斗示范应用和规模化推广提供成熟可靠的芯片产品；另一方面是加速推广应用和示范，首先要在包括在涉及国家经济安全、经济发展，包括行业和区域的重点领域实现应用示范。"五个支撑"包括总体规划与设计、相关政策法规、整个产业的标准化工作、知识产权、对外宣传等五个方面。

第一，芯片是卫星导航产品的关键核心部分，芯片的优劣与否很大程度上决定了卫星导航产品的性能，而芯片技术的发展直接关系到产品的技术指标和未来发展方向。正是由于芯片产业在北斗导航中的这种重要地位，使得北斗芯片对终端的体积、重量、成本和性能有着决定性影响，直接影响着北斗卫星导航产业能否实现大规模的推广发展。2014 年，我国北斗芯片取得了重大突破，出现了众多类型的新一代北斗芯片。在 2014 年 11 月 27 日召开的上海军民两用技术促进大会上，我国首颗 40 纳米级导航芯片亮相，其尺寸仅有 5 毫米见方，加工精度达到国际先进水平。

第二，国内导航设备企业通过引进学习国外技术和自主研发，已经开始具备自主创新、产品升级换代的能力和参与国际市场竞争的能力。同时，通过总体技术水平的提升，特别是规模效益使产品的成本有了明显下降，随着我国北斗导航系统的日渐完善，我国导航设备行业也必将迎来爆发式的增长。发改委和财政部组织实施《2014—2016 年北斗导航产业重大应用示范发展专项》。本次专项将重点支持位置服务基础平台、行业示范应用和城市综合应用示范。其中主要有几个方面的重点：一是将支持北斗室内外位置服务基础平台建设，从而形成覆盖多个城市的北斗导航地面系统服务能力，夯实产业发展基础；二是将推进北斗导航在北斗授时、消费电子、建筑安全检测、海洋开发利用等 8 个行业示范应用；三是将推进北斗导航与区域经济社会发展紧密结合，支持有关省市结合本地发展需要，开展在智能公共交通、地下管网安全、物流配送等 8 个领域的城市综合应用示范。

第三，北斗系统集成及运营是指通过提供卫星定位系统平台作为与北斗地面段和空间段的接口，有针对性地集成各种软硬件平台，服务于终端用户并收取服务费形成收入的模式。北斗导航系统的运营服务必将是一个发展潜力巨大的市场，这是随着北斗导航系统的逐步完善，以及各项应用深度和广度不断发展下北斗卫星导航系统发展的必然趋势。对企业来说，这一类业务的成长空间十分广阔，能够取得相对较高的毛利率和净利率。

在交通运输领域，车辆远程管理可以通过卫星对车辆车况、维修状况、行驶路线及时间、驾驶员等信息实时监控。从目前运营平台市场情况来看，交通部"重点运输过程监控管理服务示范系统工程"之一的"湖南省重点运输过程监控管理服务示范系统工程"北斗卫星定位系统监控平台建设及运营服务，共采购北斗车载终端 1 万台，每台终端的中标价格分别为 1700 和 2100 元不等，同时每台终端补贴 700 元，每台终端按月收取服务费 38 元。同时，"珠三角卫星导航应用示范系统工程"之一的"广州市公务用车使用管理信息系统"租用车载导航终端 1 万台，每台终端每年收取终端租赁费 1496 元和服务费 480 元。作为北斗应用重要领域的海洋渔业领域，截至 2012 年底北斗终端总量已达到近 3 万台。每台北斗终端的采购价格为 1 万元，其中，政府补贴 8000 元，渔民自己负担 2000 元，每条短信向用户收取 0.3 元。在防灾减灾领域，通过北斗系统的导航定位、短报文通信等功能，不但可以实现灾害预警速报、救灾指挥调度、快速应急通信还可以最大程度地提高灾害应急救援反应速度和决策能力。中国地质调查局安全生产管理保障系统通过国星通信、星地恒通、北斗星通等公司采购北斗个人、车载和指挥终端设备，由振芯科技公司负责北斗运营项目，每台终端每年收取 225 元服务费。

目前，我国有近 3000 多家导航运营服务商，但是市场分布十分分散，不利于行业的长远发展。未来，市场将利用国家和地方、企业政策推动北斗运营平台发展的机遇，加速行业整合，将分散的平台运营商统一为大的平台运营商整合，增加市场集中度。

五

根据北斗卫星导航系统的功能和应用范围来看，北斗卫星导航的应用范围可以分为国防、海洋渔业、交通、电力、通信、金融、防灾减灾以及精准农业等领域：第一，在国防领域，2012 年北斗二代试运行，北斗一代和二代的交接正在进行。2011、2012 年主管部门对北斗二代国防应用设备进行了多次测试，但一直未进行规模招标，但由于北斗国防应用关系国家安全，相关部门对其需求最为迫切，因此，随着北斗二代应用示范工程的开展，军事需求将逐步恢复并快速增长，2014 年开始，军队订单进入爆发期。

第二，目前，我国海洋渔业近海共 20 万艘船，主要是由中国电信和中国联通为渔船提供运营服务。远海船舶（东海、南海、黄海、渤海）共 5 万—6 万艘，其中在东海、南海作业的渔船基本安装了北斗导航终端，特别是东海渔船，北斗导航终端安装数量可达 8000 多台。这些北斗导航终端服务通过具有北斗运营牌照的公司运营，可以向渔业管理等部门提供船位监控、紧急救援、政策发布、渔船出入港管理服务，也可以向海上渔船提供导航定位、求救、航海通告、天气、渔市行情等服务。船船之间，船岸之间的短报文服务，提高了海洋渔业安全生产保障水平。目前，海洋渔业运营服务收费主要包括终端费用和运营费。每部终端费用平均 1 万元以内，其中 60%—80% 由政府财政补贴；每户运营费每年 700—800 元，需要用户自行支付。政府通过油量补贴等手段强制渔民使用北斗终端，而北斗星通公司占据中远海渔业运营服务的主要市场。

第三，在交通运输领域，我国各类车辆和工程设备保有量不断增加，对其进行有效管理的需求将越来越大，导航民用领域的 70%—80% 都与交通运输领域相关，要推动北斗卫星导航产业链的整合和完善需要迅速推动北斗在交通运输行业的发展。目前，国家一直在加快特种车辆安装北斗车载终端的进程。2010 年末，交通部启动了特种车辆配装北斗导航终端项目，初步计划安装 9 万辆左右。

2011年,交通部启动采购74万艘船载终端。未来除特种车辆外,公交系统、出租车、航运等卫星导航市场在交通运输市场的需求将会十分庞大。同时,北斗加GPS的组合导航和兼容定位产品的推广,有望实现兼顾应用效果和安全的目标。2013年,交通运输部要求9个省市80%以上的大客车、旅游包车和危险品运输车辆,均需在3月底前安装北斗卫星导航系统车载终端。计划于2015年前,在江苏、安徽、河北、陕西、山东、湖南、宁夏、贵州、天津9个示范省份共建设7个应用系统和一套支撑平台,预计安装8万台北斗终端。截至2013年底,已经有近15万辆车辆完成安装。除了公共交通之外,北斗广泛地用在了公务车辆上。仅在2012年初,广州已经有超过8000辆公务用车安装了北斗卫星电子监控系统,公车行驶里程较以往减少20%以上。在未来的几年,公务车安装北斗将在更大范围内得以实现。

第四,在防灾减灾中,北斗卫星导航系统在紧急救援中可以通过其提供的导航定位、短报文通信以及位置报告等功能,可以在全国范围提供实时灾情迅速上报共享、救灾调度指挥、应急通信等服务功能,最大程度地提高了灾害应急救援的反应能力和决断能力。由于北斗可实现全国范围的无缝覆盖,同时具有定位、授时、短报文等功能,因而为森林防火、救火指挥调度提供了全新的技术,可以有效地解决火场定位、侦察、引导扑救、后勤保障、损失评估等问题。目前,全国各地森林防火系统已经配备200多台套北斗终端用户机,武警森林指挥部及所辖总队共配备500多台套北斗用终端户机。基于北斗研制的黑龙江大兴安岭森林防火信息系统已取得了较为明显的经济效益和社会效益。

第五,在精准农业领域,我国在较早时期就成立了精细农作研究中心,研究和探索适合于我国的精细农作之路。精细农作的广泛使用将为我国实现可持续发展的"高产、高效、优质"农业生产提供新的有效路径,其中最为典型的是北京市在2000年启动的占地2000亩、为期3年的精确农业示范工程。但是,精准农业作为卫星导航高精度测量行业中的新兴应用市场,与测量测绘等行业相比较,农业中的卫星导航应用处于发展初期,即便在国外也没有形成规模化效应。在精密农业领域,GPS系统和北斗系统都还没有广泛应用,这为推广北斗兼容型高精度测量终端应用提供了较好的时机和良好市场机会。

六

从北斗卫星导航产业的分布来看。第一,在北斗导航产业布局方面,作为环渤海地区产业群中心的北京市,着力构造以引进技术设备、重大装备制造为主的产业格局,由于各项产业基础坚实,北斗卫星导航方面发展迅速。北京拥有国内主要从事北斗卫星导航的航天领域人才、研究单位和企业，并因此形成了在全国范围内最为完善的北斗卫星导航产业链。在此基础上，北京市相继投资建设了卫星导航产业园、国家卫星导航产业技术创新孵化器和北京市导航产业示范基地。环渤海地区的其他重点省市也积极布局北斗卫星导航产业。目前，青岛市卫星导航产业已具备一定基础，根据《青岛市卫星导航产业发展规划（2013—2020）》，青岛将打造北斗卫星导航的示范应用城市，计划建设6个省级以上卫星导航与位置服务企业技术中心，3个省级以上卫星导航重点实验室；培育3家以上产值5亿—10亿元的核心骨干企业，5家以上产值过1亿元的重点企业，10家以上产值过2000万元的中小企业，力争到2015年产值超过20亿元，到2020年超过100亿元。

第二，珠三角地区卫星导航产业经过十多年的发展，已形成明显的产业集聚效应，全国60%以上的民用车载卫星导航仪都出自珠三角，是终端集成和系统集成环节的最主要区域。同时，珠三角卫星导航相关企业数量全国第一，是国内GNSS产业配套能力最强、应用市场最成熟的地区。在北斗导航产业发展方面，珠三角地区通过国家卫星导航应用示范系统工程建设，带动北斗行业应用和产业发展，在测绘、航运、物流、机械控制等重点行业和关键领域全面应用北斗导航技术，并努力实现广东省卫星导航核心和骨干企业完成向北斗或以北斗为主导的双模格局转型的发展目标。

第三，在北斗卫星导航产业方面，长三角地区各省市通过需求牵引、政府引导、平台建设、政府扶持等手段，推动长三角地区北斗卫星导航规模产业化与示范应用。长三角北斗应用示范工程是以上海市智慧城市建设为切入点、构建基于北斗的位置服务基础设施体系的示范工程项目，工程内容包括重点车辆监管服务、大众位置服务和北斗高精度定位服务等在内的智慧城市北斗应用示范，以及建设共性技术平台与创新基地。目前，长三角地区北斗企业分布较为集中，北斗产业市场基础较好，在汽车应用、高精度接收机研发、生产和集成应用方面具有一定优势，尤其在运营服务环节优势明显，占整个产业链价值分布的20%左右。

第四，西部地区紧密围绕我国北斗卫星导航长远发展需求和重大科技专项应用产业化发展目标，充分利用国家重大专项实施与战略性新兴产业发展的历史性机遇，以及西部地区在我国区域经济发展特别是西部大开发战略中的区位特色、全国统筹城乡综合配套改革试验区建设与四川灾后重建所形成的产业发展基础，作为我国西部地区技术与人才高地所具有的智力资源条件、成渝经济区发展对高新技术与产业的重大需求与辐射效应等优势，组织建设北斗服务平台。西部地区以军工企业为背景，开展卫星导航技术研发，技术力量雄厚，拥有相关卫星导航企事业单位800多家，在北斗导航产业链各环节均有若干优势企业，如振芯科技、九洲电器、长虹电子等，产业基础坚实，龙头带动作用明显。

第五，华中地区依托在测绘科学领域的科研和人才优势，尤其是武汉大学、解放军信息工程大学、国防科技大学等军地高校在卫星定位导航与测绘应用领域的研发力量和人才团队处于全国领先地位，逐步形成了以北斗高新技术人才培养、北斗芯片板卡研发、高精度北斗导航软件研制、高精度地理信息采集和测绘行业应用为主的北斗导航产业发展格局。

七

为加快推进北斗卫星导航系统的应用与产业化，促进北斗产业集聚，我国政府投资数百亿元，并出台一系列优惠政策扶持北斗产业发展。在北斗产业总体发展利好的趋势影响下，全国各大省市竞相开展北斗导航应用建设，北京、上海、广东、湖北等地都制定了北斗产业发展规划。目前，全国各大省市都在打造智慧城市、平安城市、数字城市，作为实现智慧城市的核心技术之一，北斗以定位、授时、导航、通信等基础功能，提供六大系统解决方案（即室内外导航定位融合系统、个人位置服务系统、车联网信息服务系统、生命安全服务系统、高精度专业服务系统、智能信息终端服务系统），应用前景十分广阔。截至2015年初，全国已经建立与北斗卫星导航相关的产业园区共计40余家。

北斗产业园按照建设规模和服务内容可分为综合型和专业型。综合型园区主要集中在北京、上海、西安、武汉、中山等五大城市，建设内容涵盖芯片、模块、天线、终端的研发与生产，产品质量的检测与认证，基础导航信息公共服务平台，综合系统集成解决方案与行业应用服务等；专业型园区主要是结合当地市场特点推出特色化、专业化的产品和服务。

八

从全球卫星导航产业和我国卫星导航产业发展趋势来看：第一，近年来，随着美国GPS、俄罗斯格洛纳斯、欧洲伽利略、中国北斗四大全球卫星导航系统以及印度区域导航卫星系统、日本准天顶两大区域卫星导航系统的不断建设和升级，世界卫星导航应用已经进入全面快速发展时期。卫星导航产业现在已经到了向规模化、大众化和全球化发展的十分关键的转折时期，预计在未来的3—5年内，卫星导航产业将开始爆发性的增长。据估算，2014年全球卫星导航产业规模将达到1391亿美元左右，2015年预测达到1488亿美元，按年均复合增长率为7%，全球卫星导航市场规模到 2020 年约为 2088 亿美元。

第二，我国卫星导航产业已经形成一定规模，并且增速迅猛，未来市场不可小觑。根据中国卫星导航定位协会数据，2012 年我国卫星导航产业规模已经达到 1200 亿元，十年复合增长率达到 56.34%；2013 年产业规模达到 1560 亿元；经由近几年数据分析以及形势判断，赛迪智库对 2014 年我国卫星导航产业的产值估算为 2106 亿元。

根据中国卫星导航定位协会发布的《中国卫星导航与位置服务产业发展白皮书（2014 年）》预计，到 2015 年卫星导航产值将超过 2250 亿元，导航定位终端社会总持有量有望达到 5 亿台左右，2020 年产值将达到 4000 亿元，导航定位终端社会总持有量超过 10 亿台。根据工业和信息化部的数据，目前我国手机用户接近 10 亿，汽车超过 1 亿，这些用户或多或少将用到与导航及位置服务相关的应用，因此，手机与汽车导航和位置服务的用户规模基本形成。参考各研究机构预测和数据，结合对未来形势的分析、判断，赛迪智库认为 2015 年全国卫星导航系统产值将超过 2636 亿元，未来几年北斗的市场占有率将迅速提升。

随着北斗专项工程的相应推出和北斗应用范围不断拓展，我国北斗卫星导航产业显出快速发展的态势，2014 年产值达到 270 亿元，预计 2015 年达到超过 405 亿元，复合增长率达到 50%，到 2020 年将超过 3000 亿元，届时，北斗卫星导航产业对我国卫星导航产业的贡献率将达到 64%。

作为工业和信息化部赛迪智库军民结合研究所推出的首部蓝皮书，该书旨在全面、系统、客观总结全球卫星导航产业的发展现状，特别是我国北斗卫星导航产业的发展现状及特点趋势等，以为有关部门决策、学术机构研究和北斗卫星导航产业发展提供参考和支撑，为促进我国北斗卫星导航产业的发展贡献力量。

北斗卫星导航产业是典型的军民结合产业，对该领域的深入研究是一项极富挑战性的工作。赛迪智库军民结合研究所投入大量的人力、物力，进行了广泛的调查和认真细致的研究，最终形成该蓝皮书。敬请广大专家、学者和业界同仁提出宝贵意见。

目 录

热 点 篇

产 业 链 篇

行 业 应 用 篇

区 域 篇

园 区 篇

企 业 篇

展 望 篇

综 合 篇

第一章　2014年全球卫星导航产业发展状况

第一节　产业规模与增长

当前，世界各国都大力开展卫星导航系统的建设，以维护国家安全和保障国民经济的稳定发展。美国计划于2015年发射第一颗GPS Ⅲ卫星，相比于GPS Ⅱ不论在精度上还是抗干扰能力上性能都将进一步增强。印度也在逐步建立IRNSS系统，提供标准定位服务和保密服务。卫星导航所具有的导航、定位和授时功能，与汽车电子、移动互联网、地理信息、物联网、智能终端等产业融合，将促使卫星导航产业发展迅速，成为社会经济新的增长点。城市规划、交通运输、应急救援、消费娱乐等行业和大众市场对卫星导航的需求都将更加显著。从2010年起，以中国、欧盟和俄罗斯为代表，全球掀起了一股加快建设新一代全球卫星导航系统的浪潮。随着新的卫星导航系统如俄罗斯格洛纳斯系统、欧洲伽利略系统、中国北斗系统不断投入使用，美国GPS系统开始不断向新产品、新领域、新市场等深入发展。目前，全球卫星导航产业体系已经比较完备，其应用范围不断扩大、服务性能不断提升、产业规模不断增长。

历经1994—2003年的高速增长、2004—2009年的平稳增长阶段后，全球卫星导航产业发展规模日趋扩大，在2012年全球卫星导航产业增至1163亿美元，2014年全球卫星导航产业达到1391亿美元。当前，全球卫星导航产业已到了向大众化、规模化和全球化发展的关键转折时期，预计在未来的3—5年内，卫星导航产业将开始爆发性的增长。

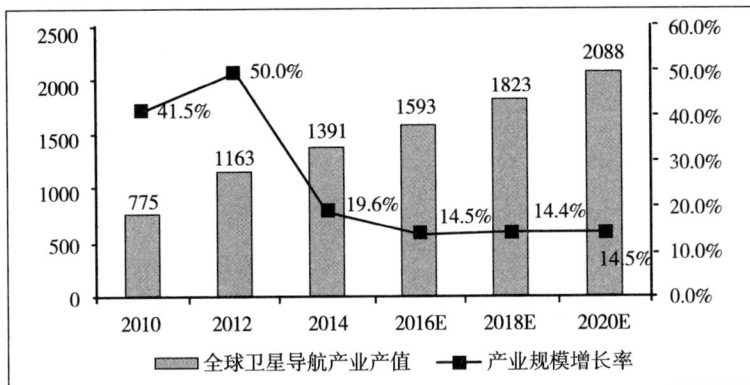

图1-1　2010—2020年全球卫星导航应用产业规模增长情况（亿美元）

数据来源：GSA GNSS Market Report – Issue 1，赛迪智库整理，2015 年 4 月。

第二节　基本特点

一、全球卫星导航产业总体处于加速发展阶段

尽管卫星导航产业已经取得了重大发展，但总体上来说卫星导航产业是新兴的、具有巨大发展潜力的产业，全球卫星导航产业处在加速发展阶段。此外，即使 GPS 本身已经十分成熟和完善，它也还在不断的发展变化，系统还远达不到成熟，这是一个十分艰难和漫长的渐进过程。与此同时，作为一个新兴、前瞻性的产业，卫星导航产业的发展之路必然漫长而曲折，需不断地建设和完善各种基础设施，对用户进行长时间的培育，努力营造好的市场氛围，以取得规模经济效应。

二、主要国家加速推进卫星导航系统升级步伐

目前，全球卫星导航系统的发展格局，已经由 GPS 独霸天下，逐渐演变成美国 GPS、欧洲伽利略（GALILEO）、俄罗斯格洛纳斯（GLONASS）和中国北斗四大卫星导航系统你追我赶，印度区域导航卫星系统（IRNSS）、日本准天顶系统（QZSS）迅猛直追的局面。

美国 GPS 系统处于现代化发展加快阶段。在 2014 年一年里，美国共发射 4 颗 GPS-2F 型号卫星，使 GPS 工作星数量达到 34 颗。

俄罗斯格洛纳斯系统建设继续推进，已经能够提供一定的卫星导航应用服务。

2014年3月、6月和12月俄罗斯先后发射了三颗格洛纳斯卫星,对格洛纳斯系统进行更新补充。目前,格洛纳斯系统的在轨卫星已达31颗,工作星数量为24颗,计划于2020年完成新一代格洛纳斯卫星的在轨部署。

欧洲伽利略系统已能发送导航信号。2014年8月22日,欧洲发射两颗具备完全运行能力的伽利略–5和伽利略–6导航试验卫星,但这两颗卫星都未能进入预定轨道。2015年3月27日,欧洲伽利略系统成功发射第7颗和第8颗导航卫星。目前,伽利略系统在轨卫星数量为4颗,计划于2020年完成30颗卫星组网的任务。

我国的北斗二代区域卫星导航系统处于全球化系统建设阶段,由17颗卫星组成,在2012年起向亚太大部分地区正式提供区域服务并准备开始启动全球系统建设,预计于2020年建成拥有高达30颗的星座卫星,与GPS/Galileo实现L1和L5的兼容与互用的全球卫星导航系统。

印度区域导航卫星系统(IRNSS)建设于2014年取得新进展,分别于4月和10月发射两颗导航卫星,使导航卫星系统在轨数量达到3颗。印度计划于2015年前完成7颗卫星组网并开始应用。印度区域导航卫星系统计划建成后,可为印度及其周边1500千米范围内的用户提供定位、导航和授时服务。

日本准天顶卫星系统(QZSS)是基于GPS的增强系统,目前在轨数量为1颗。2015年1月,日本决定实施"新宇宙基本计划",该项计划要在未来数年内要发射7颗准天顶卫星,构建独自的卫星定位系统;同时,日本将发射并构建自卫队专用军事通信卫星系统。

表1–1　主流国家卫星导航系统建设的规划与布局

	全球系统				区域系统	
	美国	欧洲	俄罗斯	中国	印度	日本
系统名称	GPS	GALILEO	GLONASS	北斗二代	IRNSS	QZSS
2014年发射卫星数量	4	2	3	0	2	0
在轨数量规划完成	34	4	31	17	3	1
组网时间计划在轨		2017	2020	2020	2015	2017
数量	30	30	30	30	7	7
规划覆盖范围	全球	全球	全球	亚洲–太平洋、全球	印度+地区性	日本

数据来源:赛迪智库整理,2015年4月。

三、全球卫星导航系统及产业发展模式不断优化调整

目前，随着系统建设不断发展和完善、应用范围的不断扩展，全球卫星导航系统及其相关产业已经开始出现三大转变。即：从单一的 GPS 应用向多系统兼容应用转变；从以导航应用为主向导航与移动通信、互联网等融合应用转变；从以终端产品应用为主向产品与服务并重转变。从单一 GPS 应用向多系统兼容应用转变，各卫星导航系统并存，这使得卫星导航系统多模化和全球化的特点加强。以导航应用为主向导航与移动通信、互联网等融合应用转变，使卫星导航系统的导航、定位、授时（PNT）功能与移动通信和互联网等信息载体相融合，引起卫星导航产业与通信、互联网行业的产业一体化和信息融合化方向发展。从以经销终端应用产品为主向提供产品与服务并重转变，加速推动卫星导航产业的规模化和服务大众化的程度，卫星导航应用向多元客户、全域服务转变。三大趋势的出现和不断发展最直接的影响是不断扩大卫星导航系统的应用范围和应用规模，进而加快产业化服务和大众化市场的形成速度。

在市场开拓方面，由军事应用逐步向行业应用及大众消费的路径全面展开。从美国、俄罗斯的卫星导航产业发展过程来看，都是遵循首先应用在军事、特定行业中，然后扩张到大众市场。卫星导航系统发展的初期动力主要来自于军事需要，随着系统技术的不断进步以及大众的需求，卫星导航系统逐渐向军民两用发展，市场与产业的出现，使需求越来越广泛和多样化，以满足军事需求为主的卫星导航系统无法满足庞大的大众消费市场需求，使得驱动卫星导航系统发展的动力从主要来自军事使命牵引转变为主要来自需求推动。这种转变将对卫星导航产业产生深远影响，帮助卫星导航系统开辟更多的市场开拓空间，进而给新兴国家更多的产业发展机会和更多的发展余地。

第三节　主要国家与地区卫星导航产业情况

一、美国：系统建设最早，产业应用市场份额最高

美国的 GPS 系统始建于 20 世纪 60 年代后期，在全球卫星导航系统建设中发展历史最为悠久。GPS 系统初期建设目的是用于军事用途，随着社会经济发展对卫星导航产品和服务需求的增长、系统技术的进步、经济一体化的发展以及全球政治格局的改变，GPS 已从最初的"军用为主、民用为辅"逐步发展到"强军

护民、以民养军"的新阶段。GPS 系统于 1996 年开始着手现代化计划；2000 年，GPS 取消其人为降低民用信号精度的可用性选择（SA），标志着现代化计划进入实施阶段；至 2013 年该阶段已经完成。2014 年，GPS 共发射 4 颗卫星，使 GPS 系统工作星数量达到 34 颗。目前，美国正在加速部署第三代 GPS 系统，其发射、导航精度将提升一个数量级，并有望引入北斗导航中的双向通信功能，以确保 GPS 系统在全球技术的领先地位。第三代 GPS 系统计划于 2020 年完成。

美国的 GPS 系统是目前唯一全面运行的卫星导航系统，该系统在服务精度、成熟性等方面在全球都处于最领先的水平。更为重要的是，全球 90% 以上的卫星导航应用服务都由 GPS 提供。目前，美国 GPS 在能源交通、电力金融、通信网络、精细农业、生命救援等全球民用领域广泛应用；GPS 在军用领域基本覆盖美军各个作战单元，成为最为依赖的装备系统。

美国卫星导航系统的产业链最为完整，特别是在上游空间卫星和地面站台的建设方面位居全球首位。在卫星定位技术及下游应用方面，美国拥有全球领先的核心技术，并一直坚守着霸主的地位。

从产业布局来看，美国西部的加州硅谷 GPS 产业园区、中部的堪萨斯州和芝加哥是 GPS 应用产业企业较为集中的地区。西部加州硅谷拥有完整的卫星导航定位产业链，涉及企业包括导航芯片厂商天宝、加瓦德、爱特梅尔等，运营服务商高通公司等。中部堪萨斯州的主要代表为消费市场导航芯片生产企业高明公司；全球五大导航电子地图供应商之一的 NAVTEQ 公司坐落于中部的芝加哥。

二、欧洲：产业成熟稳定，形成较多有影响力企业

为了摆脱对美国 GPS 系统的依赖，欧盟成员国及其他地区国家于 1999 年 2 月开始共同建设伽利略系统。首批两颗卫星于 2011 年 10 月成功发射入轨；2012 年 10 月，第二批两颗卫星同时成功发射。这 4 颗卫星初步构成卫星网络系统，使伽利略系统顺利进入系统验证和微调阶段，这也标志着该系统向前迈进了重要一步。2014 年 8 月，欧洲发射了两颗具备完全运行能力的导航试验卫星，但卫星未能进入预定轨道。2015 年 3 月 27 日，欧洲伽利略系统成功发射第 7 颗和第 8 颗两颗导航卫星。伽利略系统计划于 2020 年完成 30 颗全部卫星组网。

伽利略系统是欧洲独立自主的全球多模式卫星导航系统，系统完全由非军方管理控制，可以提供覆盖全球的、高精度及高可靠性的导航和定位服务。按照伽

利略系统设定，可以提供诸如救援与搜索服务、公共特许服务、公开免费服务等。除此之外，待系统完全建成之后，还可提供高精度的生命安全服务和授权商业服务，如在精准农业、高级导航（为盲人和老年人等）、精准环境保护等领域有广阔的前景。伽利略系统还能够与美国 GPS、俄罗斯格洛纳斯实现多个系统内的相互合作，将来用户可以用一个多系统接收机接收各系统数据的组合或者使用各个系统的数据来实现定位、导航等方面的要求。

欧洲是仅次于美国的卫星导航产业发达地区，拥有很多在全球有影响力的企业，而且产业发展极具特色。欧洲的卫星导航系统相关企业主要位于法国、瑞士和荷兰，主要公司有：法国 Thales 集团在全球专业导航芯片市场和地面导航方面占据重要的市场份额；瑞士的 U-Blox 公司是全球第二大导航芯片、模块供应商；荷兰的 Mapscape 公司是生产高质量数字地图的厂商以及作为世界第一大汽车技术及服务供应商的德国博世集团等。欧洲的卫星导航产业整体趋于成熟、稳定，尤其是在车载导航方面，极具实用性、功能性、规模性的产业发展特色。

三、俄罗斯：系统恢复建设，应用范围快速拓展

20 世纪 90 年代，俄罗斯为了国防目的开始研发格洛纳斯系统，该系统是继GPS 后的第二套无限制访问的卫星导航系统。1995 年，格洛纳斯卫星导航系统便已建成，但由于缺乏足够的资金，该系统在很长一段时间无法投入使用。直到 2001 年，国家重启对格洛纳斯卫星导航系统的投资，该系统发展才继续进行。自 2001 年以后的 10 年，俄罗斯共投资约 47 亿美元用于格洛纳斯系统建设，这个投资额约为当年俄罗斯航空事业发展总预算的三分之一。2012 年 1 月 10 日，格洛纳斯卫星导航系统正式完成。2014 年，俄罗斯先后发射了三颗卫星，对格洛纳斯系统进行补充更新。格洛纳斯系统在轨卫星已经有 31 颗，其中正在运行的有 24 颗卫星，将来要投入运行的有 3 颗，2 颗卫星正处在维修阶段，各有 1 颗卫星正在试验和作为备用。

目前，虽然俄罗斯格洛纳斯系统正在恢复建设，但已能够提供一定的卫星导航应用服务，市场应用拓展迅速。多国军方为了摆脱对美国 GPS 系统的依赖，开始积极使用格洛纳斯系统，俄罗斯已与巴西、古巴、印度和委内瑞拉签署了格洛纳斯系统合作协议，这些相关协议极大地推动了格洛纳斯系统在上述地区的发展；同时在整个前苏联地区，格洛纳斯导航系统也得到了广泛的应用。目前，虽

然俄罗斯导航市场仍处于发展阶段，但俄罗斯使用智能手机导航系统和导航机的用户数量在所调查国中排名第三（41%），仅次于中国和印度尼西亚（两国导航设备使用占比约为48%）。

四、印度：区域系统逐渐成形，尚处于建设阶段

印度的区域卫星导航系统（IRNSS）于2006年启动，计划可以为印度领土用户提供独立的导航定位服务，一共由7颗卫星组成。由于其计划在不断调整，系统建设进展极为缓慢。2013年7月，首颗卫星终于发射成功。2014年系统建设进展迅速，分别于4月和10月发射第二颗和第三颗导航卫星，区域系统逐渐成形。印度计划2015年前完成7颗卫星组网并开始投入运行。系统建成后，覆盖范围可为印度及其周边1500千米内的用户提供导航、定位和授时服务。然而这并不意味着立即就能提供导航服务，印度空间研究组织在卫星和载荷的调试与测试、星座的组网与运行控制方面可能还需花费一段时间。印度区域导航卫星系统将可提供如针对印度区域的可视化信息服务、使用位置信息的机动设备服务、面向驾驶者的实时精确导航服务、灾害管理服务以及其他通用功能等，预计这一系统的成本在1420亿卢比左右。

五、日本：基于GPS的增强系统，处于加速发展阶段

2006年，日本政府开始建设基于GPS的增强—准天顶卫星系统（QZSS），该系统是地区性卫星导航网络。准天顶卫星系统计划是由同步倾斜轨道卫星组成，每颗卫星在日本上空工作8小时，3颗卫星轮换工作，从而保证总有1颗卫星在日本的"天顶"。首颗准天顶卫星已于2010年9月发射，运行状态正常。2011年9月，日本内阁批准将准天顶系统扩展为由7颗卫星组成的区域卫星导航系统，构建独自的卫星定位系统，使日本具备独立的区域定位、导航和定时能力。2015年1月，日本决定实施"新宇宙基本计划"，该计划显示，在未来数年内，日本要发射7颗准天顶卫星，构建独自的卫星定位系统；同时，日本将发射并构建自卫队专用军事通信卫星系统。

日本在全球最早开始进行车载导航系统的开发、生产与销售。在最初的几年里，约有十多家公司参与车载导航电子地图的生产与销售，经过激烈的市场竞争后，日本车载导航市场只剩下松下、先锋、阿尔派、电装等几家有实力的公司。日本车辆导航产品在市场上表现出色，主要归功于日本基础设施配套齐全、制造

技术先进，其中更主要的因素是由于日本导航产品在性能和功能上的设计真正适应了市场需要。对日本购车用户来说，日本车载导航产品使用方便、功能丰富，在满足导航服务的同时还能享受其他多种服务，具有很高的性价比。

第四节　2014 年全球卫星导航产业重大进展

一、欧洲重启伽利略卫星发射计划

2015 年 1 月 28 日，欧洲委员会批准要重启伽利略系统卫星发射计划，定于 3 月份新卫星搭载联盟号火箭从法属圭亚那库鲁航天中心将要发射升空。伽利略系统计划于 2016 年前可以提供初步定位服务。

伽利略系统计划由 30 颗卫星完成组网，包括 27 颗工作星和 3 颗备份卫星，预计总投资额约为 80 亿美元。2011 年 10 月，两颗卫星首批成功发射入轨；2012 年 10 月，第二批又有两颗卫星成功发射，这 4 颗卫星初步组成伽利略网络系统。2014 年 8 月，第三批两颗伽利略卫星搭载俄罗斯联盟号火箭从法属圭亚那发射升空，但未能进入预定轨道。

欧盟委员会计划于 2015 年至少发射 6 颗伽利略卫星，并最晚于 2016 年开始提供初步定位服务，到 2020 年完成全部卫星入轨并提供高精度的定位服务。

二、印度区域卫星导航系统逐步形成

2014 年 10 月 16 日，印度第三颗导航卫星成功发射升空。这颗卫星的成功发射，让印度朝这个精英太空俱乐部迈进一大步。该系列前两颗卫星 IRNSS-1A 和 IRNSS-1B 分别于 2013 年 7 月 1 日和 2014 年 4 月 4 日发射升空。

"印度区域导航卫星系统"据称可以为印度领土用户提供独立的导航定位服务，它一共由 7 颗卫星组成，包括定位在东经 34 度、东经 83 度和东经 132 度赤道上空的 3 颗静止轨道卫星，以及赤道倾角 29 度，飞经东经 55 度和东经 111 度的各两颗倾斜同步轨道卫星。通过这样的轨道设计，它能最大限度地提高覆盖区域内的定位精度，并将所需卫星数量降到最低。按照计划，印度将在 2015 年内完成 7 颗导航卫星的发射，然而这并不意味着立即就能提供导航服务，印度空间研究组织在卫星和载荷的调试与测试、星座的组网与运行控制方面可能还需花费一段时间。

三、日本决定实施"新宇宙基本计划"

2015年1月9日上午，由日本首相安倍晋三担任本部长的日本政府宇宙战略本部举行会议，正式决定了"新宇宙基本计划"。根据新的计划，截至2023年，日本上空可以实现全天候定位的准天顶卫星将由现在的1枚增加到7枚，构建独自的卫星定位系统。同时，日本将发射并构建高隐蔽性防卫卫星通信网，这将令日本在面临威胁时能够更加便利地进行监视和情报收集。

这一份跨越10年的日本国家宇宙开发基本计划确定了日本强化宇宙产业并积极开拓国际商业市场的方针，将安全保障与产业发展有机地结合起来。"新宇宙基本计划"把发展太空产业作为其计划重点之一，提出要将日本太空产业的产值在今后10年间扩大到5万亿日元，同时推动太空产业向海外发展。

四、俄罗斯格洛纳斯系统加快应用服务的全球布局

2015年2月3日，俄罗斯航天系统公司对外宣布，格洛纳斯系统将在中国乌鲁木齐和长春建地面基站，从而中俄两国在航天领域合作发展方面又迈出了新的一步。和我国北斗卫星导航系统一样，格洛纳斯导航系统也由俄罗斯政府运作。俄罗斯格洛纳斯导航系统基站建设地点选定在乌鲁木齐和长春，目的是提高格洛纳斯的导航性能。

目前两国系统各有所长，具有互补性。北斗系统优势在于服务低纬度地区，而格洛纳斯系统则偏重于服务包括南北两极在内的高纬度地区。并且，俄中两国的卫星导航系统市场占有率还比较低，两国合作可以与强劲的GPS展开竞争。

第二章　2014年中国北斗导航产业发展状况

第一节　基本情况

一、"三步走"发展战略

我国卫星导航系统（BDS），是继美国 GPS、俄罗斯 GLONASS、欧洲 GALILEO 后，全球第四大卫星导航定位系统；是由我国拥有完全自主知识产权、自主建设、独立运行，并可与世界其他卫星导航系统兼容共用的全球卫星导航系统。

北斗卫星导航系统建设按照国家的"三步走"战略稳步推进，在经历了北斗一代试验阶段、北斗二代区域覆盖阶段后，目前正进入全球覆盖建设阶段中。第一步，我国于 2003 年成功发射了 3 颗北斗导航试验卫星，建立起北斗导航试验

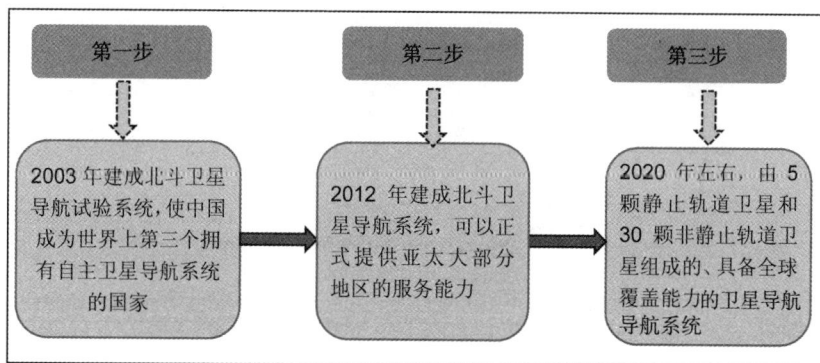

图2-1　北斗卫星导航系统"三步走"发展战略

资料来源：赛迪智库整理，2015 年 4 月。

系统，成为第三个拥有自主卫星导航系统的国家；第二步，截至2012年，我国已发射了16颗卫星，建成了北斗卫星导航系统，可以正式提供区域服务，已具备覆盖亚太大部分地区的导航、定位和授时以及短报文通信服务能力；第三步，到2020年左右，建成由5颗静止轨道卫星和30颗非静止轨道卫星组成的、具备全球覆盖能力的卫星导航系统，实现在全球范围内为用户提供高可靠、高精度的导航、定位、授时服务。

二、北斗产业链

目前，中国北斗产业已初步形成完整产业链条，形成了包括基础产品、应用终端、系统应用和运营服务比较完整的产业体系。北斗导航产业链上游的芯片、天线、GIS、板卡、地图、模拟源等已实现全面配套，国内自主研发的北斗芯片等基础产品，已进入规模应用阶段；中游的手持型、车载型、船载型、指挥型等各类应用终端已经广泛使用在各个行业，品类已初具规模，而且初步具备了针对行业应用需求进行技术综合的能力；下游的运营服务和系统集成业已在各领域进行了探索应用。在国家政策的鼓励和引导之下，北斗产业快速成长，产业链的上下游逐渐趋于成熟和完善。

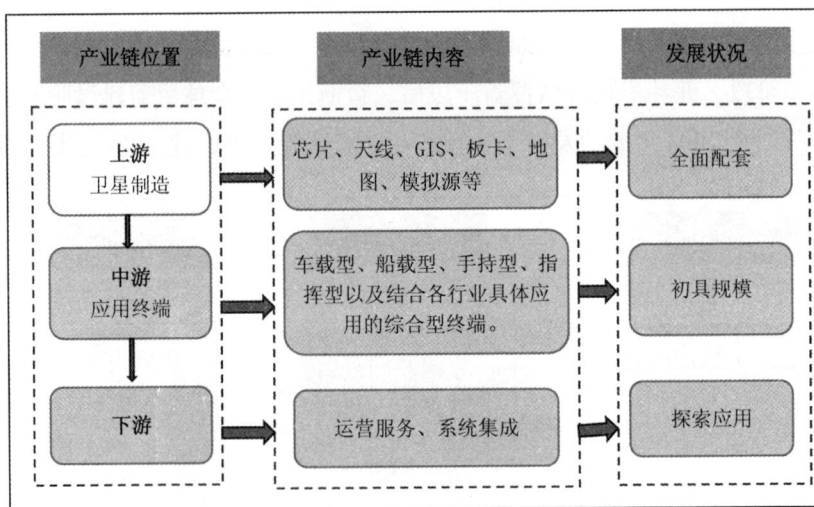

图2-2 北斗产业链

资料来源：赛迪智库整理，2015年4月。

三、北斗应用领域

目前，北斗卫星导航系统已经从以军用为主延伸到各行业应用，并在庞大的行业应用中发挥出越来越大的作用，同时在大众消费市场中取得了一系列重要进展。北斗系统在军用领域主要用于制导武器导航、航空器导航和士兵手持终端等，占北斗应用终端的 8% 左右，相关生产厂家代表性的有振芯科技、中国卫星、海格通信、华力创通、北斗星通等；北斗系统在行业领域的应用范围十分广泛，主要有航空业、海洋渔业、交通运输业、GIS 测绘和采集、智慧城市等，市场占比约为 27%，有代表性的上市公司为北斗星通、海格通信、合众思壮、中海达、同洲电子、四维图新、中国卫星、航天科技等；在大众消费领域主要应用于手机导航、车载导航、信息服务、娱乐、人/动物跟踪、车辆跟踪等方面，市场占有率约为 65%，有代表性的上市公司为北斗星通、合众思壮、四维图新等。

表 2-1　我国北斗应用领域

应用领域	应用范围	上市公司
军用领域	制导武器导航、航空器导航和士兵手持终端等	振芯科技、中国卫星、海格通信、华力创通、北斗星通等
行业领域	高精度测量、航空业、海洋渔业、交通运输业、GIS 测绘和采集、智慧城市等	北斗星通、海格通信、合众思壮、中海达、同洲电子、四维图新、中国卫星、航天科技等
大众消费领域	手机导航、车载导航、信息服务、娱乐、人/动物跟踪、车辆跟踪	北斗星通、合众思壮、四维图新等

资料来源：赛迪智库整理，2015 年 4 月。

四、北斗产业联盟

北斗产业联盟的成立一般是通过搭建对接平台、整合各种资源、互通共享信息，来培养和扶持目前尚处于起步阶段的北斗产业。据不完全统计，已成立的北斗产业联盟有 8 家，包括上海卫星导航定位产业技术创新战略联盟、南京北斗卫星导航产业联盟、北斗卫星导航系统应用产业化联盟、中国北斗导航产业联盟、湖北省北斗产业联盟、中国北斗产业化应用联盟、中国北斗卫星民用推广应用联盟、中国位置网服务联盟等。

2010 年，上海卫星导航定位产业技术创新战略联盟成立。该联盟阶段性目标和工作重点是鼓励并吸引科研院所和高校、上海及周边地区导航领域内具有优势的绝大多数企业进入联盟。该联盟远期目标和工作重点是构建位置服务产业化平台，逐步实现卫星导航终端及相关服务的产业化，为上海的数字化城市发展提供动力和支持。紧紧抓住北斗导航系统以及兼容导航应用的产业化这个切入点，带动该地区导航产业化发展和应用，推进我国北斗卫星导航系统在各个行业中的应用。

2011年，南京北斗卫星导航产业联盟成立。该产业联盟的目的是组织宣传、贯彻、解读、分析国家及省市方针、政策，传递本领域的有关重大事项信息；引导联盟会员整合各种资源，实现资源共享，建立联盟技术创新服务平台与服务体系，制订服务规范和服务标准、发挥资源效率，促进产业的完善与配套；针对重大工程应用，协调骨干企业与配套企业间的整合，提高参与国家重大工程建设的整体实力，组织骨干企业与国内外卫星导航领域知名公司开展技术与产业对接，提升企业技术创新水平。

2012年11月，深圳市北斗卫星导航系统应用产业化联盟的组建。采取了适应北斗系统应用产业化发展需要、有深圳特色的创新模式：一是实行"产、学、研、资"一体化组织体制，政府统筹、部门指导、联盟组织、企业落实。二是坚持开放式原则，吸引部分深圳以外的企业加盟，充实产业力量，完善产业体系。三是遵循应用技术发展规律，现阶段重点整合汽车信息服务领域应用产业化力量。四是建立实体化运作机制，由联盟骨干力量出资组建"北斗卫星导航科技发展有限公司"，作为核心运作平台开展工作。

2013年1月，中国北斗导航产业联盟在西安成立。联盟以联盟与基金相结合的形式，以资本的力量推动北斗产业的发展。联盟成立后将建设北斗产业园，加大北斗导航与地理信息企业之间的交流，同时募集社会资本投入到产业发展。基金主要针对与导航相关的终端服务，以及与北斗系统相关的地理信息产业。采取联盟和产业基金的运作方式，将会以行业会议、行业论坛的形式促进行业内的技术交流、市场交流和资本交流，以及推动行业与政府、院校的交流，同时促进与海外的信息技术交流，形成一个良好的对接机制，实现资本、技术、厂商、科研机构、政府五方资源信息共享平台。

2013年5月，湖北省北斗产业联盟在武汉成立。北斗产业联盟成立的主要目的在于搭建一个良好的对接平台，实现资本、技术、厂商、政府四方资源共享，信息互通。借助联盟的形式来壮大中小企业，培养和扶持目前还处于起步阶段的湖北北斗产业，产业联盟将集结湖北地区从事"北斗"相关行业的企业、事业单位及科研院所，资源整合，开展技术创新、产学研等全面合作推动北斗产业发展，使其成为地区经济新的增长点。

2013年6月，中国北斗产业化应用联盟在南京成立，成为首个具有全国代表性、覆盖全产业链的北斗导航系统产业化应用联合组织。

2013年12月20日，中国北斗卫星民用推广应用联盟在北京成立。联盟将组织卫星导航领域权威科研机构以及北斗产业链中重要企业，开展北斗产业化应用推广标准体系的研究和编制，建立权威公正的认证体系，支撑北斗产业的宏观管理和整体运作，引导北斗产业总体发展规划、部署和推进，规范各企业之间的协调和统筹管理，整体提高北斗产业化应用水平。

2014年6月，中国位置网服务联盟（简称"中国位联"）在深圳成立，中国位联由中国卫星导航定位协会主导，卫星导航与位置服务的175家企业参与组成，旨在推进北斗导航系统的应用，提升位置服务的精度。中国位联将成为位置服务产品和技术推广、产业交流合作共赢、重大项目统筹共建、需求集约优惠共享、基金助推产业发展等专业平台。中国位联工作重点是推进北斗地基增强系统建设和室内导航，提升位置服务精度。通过统筹整合区域北斗CORS网，形成覆盖全国的北斗CORS网，为行业用户和大众提供更高精度的北斗导航与定位服务。当前，中国位联成员开展的京津冀北斗CORS网一体化燃气管网精准服务项目、普适定位等示范应用项目已经启动。

表2-2 我国主要的北斗产业联盟

序号	名称	所在城市	成立时间	目的及主要工作内容
1	上海卫星导航定位产业技术创新战略联盟	上海	2010年6月	构建位置服务产业化平台，逐步实现卫星导航终端及相关服务的产业化
2	南京北斗卫星导航产业联盟	南京	2011年9月	根据国家及省市有关产业政策、规划纲要及产业发展目标，组织宣传、贯彻、解读、分析国家及省市方针、政策，传递本领域的有关重大事项信息等
3	北斗卫星导航系统应用产业化联盟	深圳	2012年11月	实行"产、学、研、资"一体化组织体制，政府统筹、部门指导、联盟组织、企业落实；吸引部分深圳以外的企业加盟，充实产业力量，完善产业体系等；重点整合汽车信息服务领域应用产业化力量；建立实体化运作机制，由联盟骨干力量出资成立公司，作为核心运作平台开展工作

（续表）

序号	名称	所在城市	成立时间	目的及主要工作内容
4	中国北斗导航产业联盟	西安	2013年1月	以联盟和基金的形式，以资本的力量推动北斗产业的发展
5	湖北省北斗产业联盟	武汉	2013年5月	搭建一个良好的对接平台，实现资本、技术、厂商、政府四方资源共享，信息互通。
6	中国北斗产业化应用联盟	南京	2013年6月	首个具有全国代表性、覆盖全产业链的北斗导航系统产业化应用联合组织
7	中国北斗卫星民用推广应用联盟	北京	2013年12月	将组织卫星导航领域权威科研机构以及北斗产业链中重要企业，开展北斗产业化应用推广标准体系的研究和编制，建立权威公正的认证体系，支撑北斗产业的宏观管理和整体运作，引导北斗产业总体发展规划、部署和推进，规范各企业之间的协调和统筹管理，整体提高北斗产业化应用水平
8	中国位置网服务联盟	深圳	2014年6月	将成为位置服务产品和技术推广的平台、产业交流合作共赢的平台、重大项目统筹共建的平台、需求集约优惠共享的平台、基金助推产业发展的平台

资料来源：赛迪智库整理，2015年4月。

第二节　发展状况

一、北斗地基增强系统建设全面起动

北斗卫星导航系统自2012年具备区域服务功能后，开始加强北斗地基增强系统建设。北斗地基增强系统是北斗系统的重要组成部分，建成后可以为在我国领土、领海和领空范围内提供实时的米级、分米级、厘米级和后处理毫米级的高精度定位服务，也可带动北斗应用和相关产业的加速发展。2014年，我国加快推进北斗地基增强系统建设，使服务性能得到快速提升，并取得了突破性进展。3月，中国兵器工业集团公司被国家北斗办组织专家评审确定为北斗二代地基增强系统骨干网的总体单位；9月11日，北京正式启动北斗地基增强系统研制建设工作。在全国多个省市，积极开展了北斗地基增强系统建设。如，湖北已完成北斗地基增强系统建设，成为国内首个完成北斗地基增强系统建设的地区，使精度提高数百倍、导航定位范围从十米缩减到几厘米。2014年1月，重庆建成北斗卫星地基增强系统，也是全国首个建设北斗地基增强系统的山地城市。上海、

北京、山东等地也纷纷开展了北斗地基增强系统建设，并取得了一定的成效。

二、导航产业规模呈高速增长态势

近些年，我国卫星导航产业发展迅速，呈现出高速增长的态势。随着社会经济的快速发展，综合国力日益提升，各行各业对导航设备尤其是高性能导航设备的需求不断增长，这些都是卫星导航产业加快发展的强大推动力。另外，我国拥有非常扎实的制造业基础，这为导航产业下游终端设备制造业提供了很好的条件。并且，随着卫星导航与移动通信、互联网和交通运输的融合发展，产品生产和服务能力快速提升，应用技术水平显著提升，我国车载导航终端产品已经成为全球需求的货源供给国。根据中国卫星导航定位协会统计数据显示，2012 年我国卫星导航产业规模已经达到 1200 亿元，十年复合增长率达到 56.34%；2013 年产业规模达到 1560 亿元；据该协会 2015 年产值预测将超过 2250 亿元，以及对 2014 年我国卫星导航产业的形势分析，赛迪智库对 2014 年我国卫星导航产业的产值估算为 2106 亿元。从图 2-3 中可以看出，从 2002—2014 年我国卫星导航产业发展迅猛，产业规模不断增长。

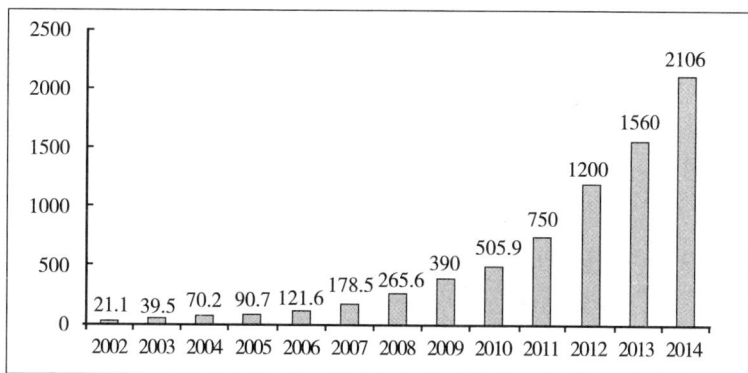

图2-3　2002— 2014年中国卫星导航产业规模统计（单位：亿元）

数据来源：赛迪智库整理，2015 年 4 月。

经历了 10 多年的培育和发展，我国北斗卫星导航产业已经初具规模。据不完全统计，我国已建立与北斗卫星导航相关的产业园区或基地 20 多个，有些地区还根据当地的科技、经济和人才优势，成立了北斗产业联盟，设立了专项支持资金，并加大对北斗导航产业相关企业的支持力度。在北斗系统加速发展背景下，国家发展和改革委员会（简称"国家发改委"）等国家部门通过支持示范项目，大力推广北斗应用，发展势头强劲。但由于一直以来美国的GPS各类导航设备在国内占据着较高的市场份额，而且北斗产品的市场应用从2012年才开始，并且是与其他系统共用模块发展，北斗产品在全国导航市场的份额还较低。以导航性基础产品和高精度测量产品规模的统计数据为例：2014年第一季度，北斗/GNSS导航型模块（含基带芯片、SoC出货形态）出货量达到230万，市场占有约为15%（不含智能手机领域）。北斗/GNSS导航型基础产品已经完成了产业化初期的可靠性验证和用户信心培育阶段，规模推广正在加速。2014年第一季度，国产北斗/GNSS高精度OEM板卡总销量已经达到4.5万套，约占市场总量的30%，北斗/GNSS高精度出货量已经达到12万套，国产北斗/GNSS高精度测量型基础产品的市场占有率在稳步增长，形势良好。可以看出，在国家强力推动下，"北斗"面临巨大的市场潜力，但其规模化、产业化发展还有待时日。

三、技术自主研发获得重大创新突破

卫星导航产业作为我国的战略新兴产业，国家非常重视其技术的自主创新能力，并且取得较大进展。目前，我国已在卫星导航应用理论和技术研发方面取得突破性进展，并在高精度定位、导航芯片、天线等关键技术取得重大创新并实现了产品化。由科技部实施的"863对地观测"项目、"羲和计划"等项目，已形成了300多项导航与位置服务专项及科研成果、固定资产等科技资源。

北斗系统作为我国自主研发的卫星导航系统，自始就非常重视自主研发创新能力。由武汉大学的研发团队凭借多年在对地观测与导航技术领域的联合攻关和协同创新，实现了在任何天气条件下，借助海上北斗高精度地基增强服务系统，向在渤海地区航行的船舶提供实时分米级导航服务和厘米级定位，将我国卫星高精度定位带入国际领先水平的"厘米时代"。此团队获得了2014年度国家科学技术进步奖创新团队奖。2014年，我国在北斗系统方面取得的其他重大创新突破有：米级高精度定位手机研制成功、40纳米级导航芯片在国内亮相、新一代高精度GNSS基带芯片面世等；高精度定位技术使"北斗"的精确度达到10米左右，速度的精度达到每秒0.7米；羲和系统是《导航与位置服务科技发展"十二五"专项规划》的重要成果之一，以北斗/GNSS、移动通信、互联网和卫星通信系统作为基础，通过融合广域实时室内定位和精密定位等技术，实现了实时室内外协同的精密定位；北斗元器件的技术水平已经实现了自主集成设计，特别是关键元器件。

四、北斗多元化应用范围不断扩大

随着北斗系统的不断完善，其应用范围逐步扩大。当前，我国北斗产业在军用领域和行业领域的应用中处于主导地位，大众消费市场正逐步扩大应用规模。并且，我国积极开展多边合作和双边合作，推行北斗系统兼容与互操作协调工作，共同为用户提供优良的服务，推进北斗系统融入国际海事、国际民航、3GPP国际移动通信等组织。

1. 在军用领域：北斗系统经过多年应用实践，自2012年"北斗"开通应用服务以来，系统已全面运用到部队战备、训练等领域，初步形成了体系化、实战化、常态化应用能力。

2. 在行业应用领域：在行业应用中，一是国家政策支持的示范项目，二是已在行业应用的项目。

（1）示范项目

目前，"北斗"在某些特种行业的应用尚处于起步阶段，主要成长动力来源于国家政策和重点示范项目的推动。2014年，北斗应用示范项目共有6项，主要在电力、交通运输、通信、农业、林业、海洋渔业等国家战略行业进行示范应用。4月1日，由国家电网江苏电力和南瑞集团等6家单位联合启动了"北斗电力高精度授时与全网时间同步系统应用示范"项目，项目主要是建立行业应用示范，最终目的是形成北斗系统在电力行业应用的产业链。9月，交通运输部、解放军总装备部在北京联合开展了基于"北斗"的中国海上搜救信息系统示范工程。示范工程将推广40万套海上搜救型北斗终端设备，并通过在救助船舶上建设船载的基站，将公众手机信号延伸到沿岸的基站无法覆盖到的救助船舶周围的区域。9月16日，中国人民解放军总装备部（简称"总装备部"）和中华人民共和国民政部（简称"国家民政部"）在北京联合组织"北斗卫星导航系统国家综合减灾与应急典型示范应用项目可行性研究报告评审会"，会上通过了北斗国家综合减灾应用示范工程可行性的研究报告。11月，国家发改委、财政部批准了新疆生产建设兵团关于第八师石河子市北斗系统精准农业应用示范工程实施方案的报告，将此示范工程列入国家战略性新兴产业发展专项资金计划。同月，国家气象局组织开展了基于"北斗"的海风海浪试验与探空测风系统测试，将逐步建立基于"北斗"的气象预报体系。农业部门与中国卫星导航系统管理办共同实施"北斗海洋渔业应用示范项目"工程，工程拟在辽宁、山东、浙江三省使用北斗中远海终端的示范应用，并将在大连市建立 12 个接口规范、统一的市县级陆地监控指挥平台。

表2-3　2014年北斗行业示范项目

时间	示范项目	实施部门	项目内容	项目实施阶段
4月1日	北斗电力高精度授时与全网时间同步系统应用示范	由国家电网江苏电力和南瑞集团等6家单位联合实施	建立行业应用示范，形成北斗系统应用于电力行业的完整产业链	正式实施
8月	"百城百联百用"行动计划	中国卫星导航定位协会与中国城市燃气协会	"百城百联百用"行动计划	正式实施
9月	基于北斗的中国海上搜救信息系统示范工程	交通运输部、解放军总装备部	将面向海洋用户预计推广40万套装有北斗系统的海上搜救型手机及其他北斗终端设备，并通过在救助船舶上建设船载的基站，将公众手机信号延伸到沿岸的基站无法覆盖到的救助船舶周围的区域	正在实施阶段
9月16日	北斗卫星导航系统国家综合减灾与应急典型示范应用项目可行性研究报告评审会	民政部和解放军总装备部	北斗国家综合减灾应用示范工程	项目可行性评审通过
11月	北斗系统精准农业应用示范工程实施方案	石河子市	主要是围绕兵团加快推进农业现代化的总体部署，以石河子市作为依托城市，建设北斗农机导航与位置服务平台、地基增强系统，开展应用政策与标准研究，部署应用5万台套北斗农业应用终端	方案实施阶段
11月	基于"北斗"的海风海浪试验与探空测风系统测试	国家气象局	海风海浪试验主要利用北斗系统反射信号，测算海风速度与海浪高度。探空测风系统试验主要利用北斗定位功能，对高空风场进行监测，从而解决以往低空探测数据不精确的问题	系统测试阶段
11月	北斗海洋渔业应用示范项目	农业部门与中国卫星导航系统管理办公室	将在山东、辽宁、浙江三省和大连市使用北斗中远海终端的示范应用，并将在大连市建立12个接口规范、统一的市县级陆地监控指挥平台	逐步推开

资料来源：赛迪智库整理，2015 年 4 月。

（2）行业和大众消费应用

目前，北斗产品应用范围涉及到智慧城市、车载领域、手机领域、燃气、老人与孩子的定位等领域。

——智慧城市：北斗系统的有源定位服务在智慧城市建设中发挥重要的作用。人们日常生活中信息需求的80%—90%都与时间和位置有关，而提供这些授时服务、定位、导航又恰恰是"北斗"的优势。2014年8月，国家发改委、工信部、科技部等8部委联合印发的《关于促进智慧城市健康发展的指导意见》中，对推进北斗导航卫星地基增强系统的建设，为城市居民提供新型服务，加强北斗导航、移动互联网等技术的集成应用等多方面进行了明确。"北斗"在智慧城市的应用方面，上海正式启动了智慧城市北斗综合应用示范工程，市民们可以很方便地使用"智能交通导航"、"智能呼叫"等服务；北京某公司推出了一款着力于智慧城市的新产品——北斗爱智卡，专为老幼群体提供数字管理和通信、定位求助、消费等各种服务；江苏无锡，"4G+北斗导航"的车联网等民生项目将要进入市民的生活领域；其他省市的智慧城市规划也大多有北斗系统应用项目参与其中。智慧城市将是发挥北斗系统的效益和价值的落脚点，体现在建设的各个方面。

——车载导航：2014年3月，由交通运输部、公安部、国家安全生产监督管理总局发布的《道路运输车辆动态监督管理办法》(以下称"5号令")正式实施，虽说在"5号令"中没有明确规定相关车辆必须安装"北斗"定位装置，但相比"两客一危"9个省的覆盖范围，"5号令"所针对的是在全国范围内的包车客车、旅游客车、三类以及上班线客车和危险货物运输车辆等，范围更大。在2014年已经有相关的北斗导航企业推出了性能优异的国产北斗导航车载终端。

——手机导航：11月22日，通过导航与位置服务战略研究暨羲和走进智能手机专题研讨会上，公开发布由武汉大学和泰斗微电子、中兴通讯联合研制的一款北斗高精度定位手机样机。该款手机采用自主的北斗/GNSS芯片，融合北斗系统及羲和系统的增强信号，可实现1米级精度的室外定位。

——燃气：8月，中国卫星导航定位协会与中国城市燃气协会双方，在北京共同签署了战略合作协议，共同推行"百城百联百用"行动计划、推动北斗卫星导航系统在城镇燃气行业的深化应用。目的是利用北斗精准位置服务来全面支持燃气物联网体系的建设，提升燃气地下管网安全管理水平。

3．在国际化方面

2014年，我国在开拓北斗应用海外市场上，逐步从亚太地区开始走向全球市场，主要做了以下事情：（1）中美之间开始拉开合作的序幕。5月19日，中美在北京签署了《中美民用卫星导航系统（GNSS）联合合作声明》。达成了中美双方愿意加强合作，共同促进"北斗"和GPS的全球应用；建立"北斗"与GPS两系统常态化交流合作机制，成立联合工作组，围绕双方共同关注的议题展开深入探讨等共识。（2）中俄双方合作进一步加强。6月30日，在哈尔滨举行了中俄卫星导航合作圆桌会议，签署了《中俄卫星导航合作谅解备忘录》；10月13日，中俄总理第十九次定期会晤，签署了《中国卫星导航系统委员会与俄罗斯联邦航天局在全球卫星导航领域合作谅解备忘录》，明确成立"中俄卫星导航重大战略合作项目委员会"，在增强系统、监测评估、兼容与互操作、应用推广等4个重点领域进行合作；11月，俄罗斯航天系统公司宣称将在中国安装GLONASS差分校正和监测系统站（SDCM），对在长春市和乌鲁木齐市附近的平台作为差分校正和监测系统站部署地进行了可能性评估。（3）泰国成为"北斗"首个海外建站国家。6月，泰国启动了3个北斗地基增强系统示范站，用于灾害监控和预防等民生领域，计划在3—5年内在全境共建设220个这样的地基增强站。（4）中澳卫星导航建立正式合作机制。9月20日，中澳在北京就卫星导航领域合作展开会晤。明确了建立正式合作机制，双方在卫星导航监测评估、科研交流、融合应用等领域达成了合作共识，探讨了联合研究、监测评估、北斗/GNSS创新中心建设、数据共享等后续合作方向。（5）柬埔寨举行了北斗示范应用系统的揭牌仪式。2014年12月11日，在柬埔寨首都金边举行了柬埔寨北斗连续运行参考站系统建设及其警务定位示范应用系统的落地揭牌仪式。（6）北斗应用开始进入新加坡建筑工程和机械行业。目前，在新加坡建筑打桩工程项目中正式采用北斗定位服务。北斗应用进入新加坡建筑工程和机械行业，在国际市场开辟新的应用空间，将进一步拓展北斗服务水平和应用。

五、价格战悄然兴起，市场竞争不断加剧

2014年以来，在民用领域应用，由于芯片质量提升和价格下行，北斗产品已经悄然出现了降价的趋势，进一步加快与GPS抢夺市场份额的步伐。在北斗芯片方面，由于我国北斗产品的制造工艺有了新的突破，北斗芯片的体积和功耗

变小了，成本降到了百元以内，比去年降了近一半，这在车载导航终端领域体现得更为明显。在北斗定位模块方面，以前北斗定位模块在成本上要比 GPS 模式高出 2—3 倍，2013 年北斗定位模块在百元左右，GPS 定位模块是 30 元左右；但从 2014 年开始北斗产品的成本大幅降低，现在两者之间价格差距缩小，有些北斗产品已经与 GPS 的价格基本持平。另外，北斗产品的同质化现象严重，价格战不可避免。

2014 年，北斗市场竞争正在发生着诸多变化。在"5 号令"等政策的导向下，诉求关系发生变化，由终端企业＋运输企业向运输企业＋终端企业的转变。这种变化，将促使北斗产业终端企业迅速地成长。由于"5 号令"所针对的市场相对比较开放，如安徽省采用备案制（企业只需在相关部门备案就可以进入该市场），使得竞争将空前激烈，对于运营企业而言，需具备成本和运营优势才有可能在市场上获胜。由交通部所推行的"两客一危"带动了 100 多家终端企业进入北斗领域，北斗产业终端企业数量迅速上升，累计已达到千家左右，这促使企业间的竞争加剧。另外，随着客户需求的多元化，单一的北斗产品无法更好地满足客户需求，北斗市场势必会出现格局的重新调整。

第三节　基本特点

一、卫星导航产业具有广阔的市场空间

随着技术快速发展，社会大众对时空信息服务需求不断增强，卫星导航技术融合互联网、移动通信等技术，将有力地促进卫星导航应用产业结构的升级，市场空间必将更加广阔。2014 年，随着国家在卫星导航、地理信息领域相关政策的出台，为中国卫星导航产业创造了良好的发展环境。我国北斗产业的应用市场规模还较小，主要集中在车载领域和手机领域，整个市场仍然处于市场导入期。但是，随着北斗技术的进一步成熟，北斗产品应用将在卫星导航市场占据更大的自主权。北斗单芯片的成功研制，不仅可以降低对国外芯片的依赖程度，满足大众市场对于智能设备低功耗的需求，还能为开拓国际市场提供有力的技术支持；具有短报文通信等优势的北斗系统，在行业、公共服务、国民经济关键领域及大众市场的应用将得到不断拓展。全国各地区也在积极开展北斗应用项目，如北京在 2014 年 7 月计划在 3 年内实现 10.8 万套北斗终端在公交等领域的安装。另外，

车联网、大数据、云计算等技术的发展，都将为卫星导航创造巨大的市场空间。

二、导航产业五大区域格局初步形成

2014年以来，我国卫星导航产业发展迅速，正逐步由产业初级阶段迈向成熟阶段，相关产业的配套能力大幅提升，区域性产业集中度逐步提升，在环渤海、长三角、珠三角、西部以及华中地区形成了五大导航产业集群，产业格局初步形成。环渤海地区，依托首都的辐射优势，形成了以重大装备制造为主、引进技术设备的产业格局。长三角地区，具有资金、市场等优势，形成以天线制造、芯片制造为主的产业格局。珠三角地区，具有机制、资金、区位等优势，形成以引进、制造、组装卫星导航终端产品为主的产业格局。西部地区，主要依托所在地在航空、航天等领域的设备、技术、人才等优势，发展以卫星零部件制造为主的产业格局。华中地区，依托在测绘地理信息领域具有的人才和技术等优势，形成了以地理信息采集、分析、处理和高精度定位服务等为主的产业发展格局。

表2-4　北斗产业五大区域格局

序号	区域	产业格局
1	环渤海地区	以北京为中心的环渤海地区，依托国家部委、相关科研院所集中的优势，形成了以重大装备制造为主、引进技术设备的产业格局
2	西部地区	以陕西、四川、重庆为主的西部地区，主要依托所在地在航空、航天等领域的设备、技术、人才等优势，发展以卫星零部件制造为主的产业格局
3	长三角地区	以上海、江苏、浙江为主的长三角地区，具有资金、市场等优势，形成以天线制造、芯片制造为主的产业格局
4	珠三角地区	以广州、深圳、中山为主的珠三角地区，具有机制、资金、区位等优势，形成以引进、制造、组装卫星导航终端产品为主的产业格局
5	华中地区	以湖北、河南、湖南为主的华中地区，依托在测绘地理信息领域具有的人才和技术等优势，形成了以地理信息采集、分析、处理和高精度定位服务等为主的产业发展格局

资料来源：赛迪智库整理，2015年4月。

三、北斗运营服务尚处于起步阶段

我国北斗卫星导航系统运营服务仍处于起步阶段，有巨大的提升空间。一是北斗运营服务市场占比较低。在全球卫星导航产业中，运营服务占其导航产业的比例最大，平均达到 60% 左右，并且是增长最快的部分。在成熟国家，运营服务占比达到 70% 以上，而我国北斗产业中运营服务占比仅为 17%，还远远达不到平均水平。二是运营服务平台较少。目前我国北斗运营服务平台正逐步建立，主要有北斗（上海）位置信息综合服务平台、北京北斗导航与位置服务产业公共平台、中山市北斗位置服务平台、福建省北斗卫星应用公共服务平台等都是在政府的倡导下，启动建设运营。区域北斗位置服务平台的服务对象主要包括大众消费用户、行业部门用户和政府用户三大类，这三大类用户对"北斗"的需求各异。三是进入运营服务存在壁垒。根据国家规定，企业要想提供北斗卫星导航定位系统的运营服务就必须申请取得"北斗系统运营服务许可证"，许可资质的要求包括北斗技术力量、服务设施和资金等各项重要条件。许可资质业务的申请，实际上形成了较高行业壁垒。目前已经获得许可的北斗导航系统运营服务企业主要包括已经上市的海格通信、振芯科技、北斗星通等 12 家。

四、产业发展中的跨界融合不断加剧

当前，随着卫星导航产业的加速发展，技术和产业的跨界融合不断加剧，市场应用范围不断扩大。一是"北斗"与大数据、云计算、物联网等最新技术融合成为发展趋势。二是技术与产业的融合，促进北斗应用范围不断扩大。"北斗"与燃气领域的跨界融合，利用北斗精准位置服务水平全面支持燃气物联网体系的建设，将为燃气企业保障管网的安全运行、提高管理的精细化水平提供重要的技术支撑。随着北斗产业化进程的加快，北斗技术及其引发的数字化管网、大数据管理，将会在燃气行业以及其行业表现更为广阔的发展前景，并引发管理模式的深刻变革。三是多系统兼并融合应用。按照规划，北斗系统要到 2020 年信号覆盖全球时才能为用户提供最高效、稳定的服务。因此，在此之前的北斗产品需要兼容 GPS 提供两种系统的服务，这样才能使得北斗产品更容易被市场接受。此外，考虑到 GPS 所占市场份额最大，北斗市场发展需借助 GPS 的模式和渠道来打开大众市场，因此兼容 GPS 成为北斗产品设计和研发的一种趋势。

五、商业创新模式促进北斗市场化应用

在北斗产业化推动过程中，有些生产厂商针对不同应用领域采取了灵活的商业模式，为促进北斗卫星导航产业快速发展取得了积极成效。比如，航天科技控股集团有限公司与北京讯业互联科技有限公司联合研制了基于北斗导航系统的多

功能智能车载终端及其综合管理系统，并在江西省客货运输行业展开综合示范应用。该示范项目采用了"为用户免费安装终端、收取年费服务"的推广应用模式，项目进展良好。北斗星通信息服务有限公司和海南省海洋与渔业监察总队联合开展南中国海船舶安全智能位置服务应用工程，该应用工程采取"低价终端产品＋免费应用平台＋长期运营服务"的运作模式，在南中国海的中远海、近海船舶安全领域全面推广应用北斗系统。北斗星通公司并将这种商业模式推广应用到其他海域的渔业领域，以及物联网、旅游、交通等领域，呈现出很强的发展活力，产生了明显的社会效益和经济效益。目前，北斗星通公司已在我国东海、南海、黄渤海发展中远海渔船"北斗"用户4万余个，伴随手机用户超10万个，构建了中国最大的"北斗船联网"。北斗中航（北京）依托北斗定位技术开发的"北斗爱智卡"与"中关村智慧北斗综合服务平台"，通过"产品＋智能＋互联网＋服务"的模式，联合民政、教育、公安、卫生等政府与社会资源，共同为老年人和儿童等弱势群体提供"定位、教育、沟通、救助"等服务。北斗中航将陆续向全国贫困老人及儿童等弱势群体免费发放十万台"北斗爱智卡"，以此推动"北斗"民用，发展智慧服务体系建设。

第四节　2014年我国北斗导航产业发展重大进展

一、北斗卫星导航系统获得国际海事组织认可

2014年11月17—21日，在英国伦敦召开了国际海事组织（IMO）海上安全委员会（MSC）第九十四次会议，会上国际海事组织海上安全委员会审议并通过了对北斗卫星导航系统认可的航行安全通函。北斗卫星导航系统正式成为继GPS、格洛纳斯之后的第三个全球卫星导航系统，服务于世界航海用户。

海事卫星要成为国际性的定位导航系统，在国际上有具体的要求，需要经过国际海事组织的认可。我国北斗系统在通过国际海事组织的认可后，可以加装在商用民船上，其他国家的船舶也可以使用北斗系统，这对于北斗应用和产业发展都是一个非常大的飞跃。

二、全国北斗卫星导航标准化技术委员会在京成立

标准化工作在北斗系统应用推广和工程建设中具有非常重要的战略地位，为

了推动北斗系统科学发展，2014年4月28日，全国北斗卫星导航标准化技术委员会（简称"北斗标技委"）在北京成立。

北斗标技委是由来自行业部门、监测机构、地方院校、企业单位等单位的48名委员、7名观察员和3名联络员组成，并由"两弹一星"元勋、北斗卫星导航系统总设计师孙家栋院士担任主任委员。北斗标技委的工作范围主要包括对北斗卫星导航系统建设、应用、运行、服务、管理等技术领域的国际和国家标准化工作，负责制定、修订北斗系统工程建设、运行维护、应用、相关的基础等国际和国家标准。北斗标技委的成立，从国家层面上实现了对北斗卫星导航标准化工作的归口管理，对确立北斗系统在国家应用的主导地位，转变我国时空基准依赖于人、受制于人的局面具有重大意义。

三、首批北斗地基增强站在泰国建成

伴随着北斗系统在亚太地区完成组网，北斗系统不仅在中国领土范围内获得使用，周边一些国家也将陆续利用北斗系统替代GPS。2014年3月，泰国成为"北斗"的首个海外用户。6月，3个北斗卫星地基增强系统示范站在泰国正式启动，主要应用于灾害监控和预防等民生领域，这是我国在泰国建成的第一批北斗地基增强站。在未来3—5年内共将建设220个这样的地基增强站覆盖全境。

自2013年中泰双方签署《泰国地球空间灾害监测、评估与预测系统合作协议书》等相关合作协议以来，北斗产业有一大批项目在泰国实施，除了投资超过百亿元的北斗地基增强站以外，还将建设中泰地球空间信息产业园，联合发射高分辨率对地观测卫星，在泰国开展基于北斗技术的更多民用领域项目。

四、中关村卫星导航与位置服务科技创新平台成立

导航与位置服务在物联网、智慧城市、交通运输、节能环保等领域发挥着重要作用，已成为国际上继互联网、移动通信之后的第三个发展最快的新兴信息产业。目前科技部实施的"863对地观测"项目、"羲和计划"、"中国伽利略测试场"等项目投资上亿元，形成了300多项导航与位置服务专项及科研成果、固定资产等科技资源。为避免上述科技成果和资源的浪费，中关村科技园区海淀园管理委员会与科技部国家遥感中心商议建立公共服务平台促进中关村卫星导航产业发展，以创新管理方式将科技资源市场化运用。

2014年4月25日，中关村卫星导航与位置服务科技创新平台战略合作签约

暨羲和系统成果发布会在中关村核心区展示中心召开。科技部国家遥感中心、中关村科技园区管理委员会、中关村海淀园管委会领导及导航与位置服务产业的专家组成员与相关企业代表约150余人参加会议。

中关村卫星导航与位置服务科技创新平台将为中关村导航与位置服务的企业提供仿真验证设备、国际先进水平的实验、测试系统及国家级实验室，通过市场化运作帮助企业完成研究、中试、检测等工作，并通过平台帮助企业承接国家重大科技成果转化，新品研发、培训推广等工作，推动提升中关村北斗产业链各个环节的竞争力，促进中关村移动导航与位置服务产业集聚发展与融合发展，实现我国北斗产业跨越式发展。

政 策 篇

第三章　2014年导航产业政策环境分析

制定明确而可行的政策法规是推动导航产业发展的关健。目前，为 GNSS 服务的主要提供商有美、欧、中、俄、日、印等国家都有自己的政策。其中，以美国的政策发展最为成熟，最具有系统性。其他国家在政策方面也都有成功的经验。

第一节　主要国家卫星导航政策环境分析

一、美国卫星导航政策发展情况

美国 GPS 系统和产业发展的成功，除了得益于强大的技术基础和雄厚的经济实力外，还主要得益于有一整套可持续的发展战略、发展规划及促进 GPS 军民平衡发展的国家政策体系和管理体制，并根据技术发展的需要，及时制定、修订和颁布一系列促进 GPS 技术创新和产业发展的针对性政策。综合分析，美国 GPS 发展的政策主要体现在三个方面，第一是民用领域政策；第二是国家、国土和经济安全领域政策；第三是对外合作政策。美国 GPS 政策的主要特点是公开、透明和保持稳定性。

（一）GPS 政策的发展与演变重点环节

表 3-1　美国发展 GPS 重点政策一览表

年份	政策要点
1978年	建立以军为主的GPS发展促进政策
1983年	总统提出GPS可供免费民用

（续表）

年份	政策要点
1996年	建立GPS军民两用管理体制
1997年	国会通过法律GPS免收直接用户费
2000年	总统宣布GPS可用性选择（SA/AS）置零
2004年	总统发布天基PNT政策，成立国家PNT委员会
2004年	GPS与Galileo之间达成双边合作协议
2007年	总统声明在未来的GPSIII中，取消SA/AS设置
2010年	新的空间政策专门提出PNT的高级指导意见

资料来源：赛迪智库整理，2015年4月。

（二）GPS政策的主要内容

一是免收直接用户费。二是对于所有的民用服务开放公共的信号结构，鼓励用户设备制造商、应用开发商和增值服务商平等进入；实现开放市场推动的竞争。三是鼓励使用GPS时间、大地测量和信号标准。四是促进将来系统与GPS的全球兼容和互操作。五是保护现有无线电频谱不受干扰和中断影响。

（三）美国的天基PNT战略

PNT是卫星导航提供的定位、导航、授时三大功能的广义化，将三种截然不同的重要功能的组合。及时发布《天基定位、导航和授时政策》、《商业遥感政策》等相关政策。确保天基PNT服务、增强、备份能力，以及服务阻断能力；确保提供PNT服务的连续的可用性；确保国家安全、国土安全和经济安全的需求，以及科学、商业和民用的需求；坚持PNT军用的领先水平；确保持续提供民用服务，能力与外国的类似系统相比具有绝对竞争力；保持国际可接受PNT服务的基本构成；确保能够促进美国在PNT服务应用中的技术领先性。

（四）奥巴马总统的新空间政策

一是GPS继续供全球民用服务，免收直接用户费；二是鼓励与其他国家GNSS服务兼容与互操作；三是运营和维护GPS星座满足民用和国家安全需要并用外国的PNT来增强使用的弹性能力；四是投资国内能力建设，支持国际行动对有害干扰进行检测、缓解，增加使用的弹性能力。2014年5月，为提升美国卫星导航的全球竞争力，国务院和商务部发布新修订的《出口管制条例》，采取放宽与管制并举的政策，进一步细化了军品管制清单，适度放松出口管制，对民用卫星及相关组件由军品管制清单转移到商业管制清单之中，但对转移出来的航天物项，在管控措施上较商业管控清单原有的物项更为严格。

二、俄罗斯卫星导航政策发展情况

俄罗斯在 GLONASS 系统发展过程中，总统令与政府声明构成 GLONASS 系统发展的政策基础。主要体现为《关于 GLONASS 的总统令与政府声明》（1999）、《GLONASS 2002—2011 发展计划》与《2006—2015 航天发展规划》、《俄罗斯联邦导航定位活动法法案》（2009）等。

在产业应用支持方面，通过采取相关政策来鼓励和扶持本国 GLONASS 相关产业的发展，其基本原则是：一是 GLONASS 计划在俄罗斯政府政策中列为优先考虑项目；二是 GLONASS 为所有用户提供公开服务，免终端用户费；三是 GLONASS 继续保持原有频带和信号，增加新信号；四是国际合作成为关键要素，为全球用户服务基础设施。

在向民用开放方面，2006 年开始，俄罗斯整个 GLONASS 系统完全向民用领域开放，截至 2007 年 5 月，针对 GLONASS 系统相关限制得到了放宽，促使军事领域应用、精度为 10 米的信号，向民众免费开放，解禁了 GLONASS 民用精度限制为 ±30 米的规定。2009 年，俄罗斯的《导航活动法》获得通过，通过法规强制要求陆上、水面、海洋和航空等国有及商业公共交通工具，必须在规定的时间（2010 年底前）内安装 GLONASS 全球卫星导航系统导航仪，同时也做出了要求新出厂的交通工具强制安装的规定。俄罗斯国内 GLONASS 导航系统的安装比例逐步提升，目前民用飞机达 23%、水面运输工具达 87%、地面公共交通工具达 80%。根据俄罗斯相关机构预测，2011 年至 2015 年期间，俄罗斯民用导航产品及相关配套设施、设备的需求量约接近 5 万套，所需导航系统基站约 600 个。

在国产化应用的支持方面，俄罗斯及独联体境内，在政策上对 GLONASS 进行了一定的保护。2010 年初，为打破美国 GPS 的垄断，俄罗斯政府规定在俄罗斯境内销售的导航仪必须加装 GLONASS，同时采取增加关税政策，控制进口导航设备数量，如对美国的 GPS 导航仪的关税提高至 25%。2013 年起，俄罗斯通过政策引导，要求在俄境内出售的所有汽车上都必须安装 GLONASS 系统，政府采取补偿方式，减轻消费者的经济负担。2013 年开始，对不支持 GLONASS 技术的进口智能手机征收约 25% 的关税，促使进口智能终端与 GLONASS 技术的接轨，在相关政策的引导下，俄罗斯移动运营商、俄罗斯移动电信系统公司已经推出了使用 GLONASS 技术的智能手机。2014 年 2 月，为推动航天成果的运用，促进私人资金、前苏联成员国、世界其他国家技术参与俄罗斯航天成果应用于，国家基础设施建设和有前景项目的开发。俄总统普京签署了《2030 年前使用航天成果服务俄联邦经济现代化及共域发展的国家政策总则》，总则主要明确了各阶段航天应用任务目标，旨在建立全方位长期、稳定的合作关系，制定符合国际标准的航天成果应用国防法律。

在国际化合作方面，进入 2013 年，俄罗斯联邦航天局强调将建立起具有高度相关性的国际框架。首先会继续保持 GLONASS 的性能以及可操作性，特别是面向 CDMA 的信号，也将会列入到 GLONASS 所提供的服务中来，提高整体性能以及它的服务质量，并且能够创造出更好的全球环境；其次，俄罗斯承诺将提供无差别的免费服务，对于直接用户完全免费，支持 GLONASS 性能，满足国际民航组织的标准和建议实施意见，同时满足相关国家以及国际标准。与此同时，俄罗斯开始支持国际组织的相关工作，特别是要满足国际的互操作性、兼容性、性能等等方面的要求。2014 年 11 月，中俄双方正在就北斗导航和 GLONASS 的交叉共享问题，互建地面信号接收设备、推动相关基础设施等领域合作进行了协商，并达成了合作共识。

三、欧盟国家卫星导航政策发展情况

欧盟是一个区域型的政治实体，其开展活动的必要前提就是具有相关的权能，即被视为欧盟"宪法"的基本条约是否赋予欧盟相关的权力。就发展 GALILEO 系统而言，相关的宪法依据主要体现为《欧盟运行条约》的第 170—172 条（"泛欧网络"，Trans-European Networks）所明确的相关条款。

欧盟在卫星导航的相关政策法规建设中，突出特点是强调其专门性，注重以严格的管理和明确的分工来保障 GALILEO 卫星导航事业的发展，积极引入新的运营模式、对新问题的规制以及对相关机构的法律定位，并努力推动其走出地区范围、走向世界市场。

欧盟 GALILEO 系统作为世界上较为年轻的卫星导航系统之一，在其开发的过程中也体现出了较其他卫星导航系统更为新颖的开发与运营模式，对于民间资本的使用以及对于市场竞争是其推动产业发展政策的重点。

欧盟 GALILEO 卫星导航系统政策法规与美俄相比较，欧盟的法律规定从数量上看比较少，从内容上看覆盖面也较小，从法规文件的组成形式上来看也比较

单一，但总体上来说，欧盟关于卫星导航立法的内容与其卫星导航系统发展的水平相互匹配，并且呈现出许多不同于美国、俄罗斯的发展和运营模式。为合力高效推动 GALILEO 卫星导航系统建设，2011 年，欧洲发布《独立、富有竞争力、提高公民生活质量》的航天新政，对相关航天政策的优先事项、推进 GALILEO 导航卫星计划、实施全球环境和安全检测系统计划等进行了明确。

另外，为配合 GALILEO 卫星导航系统建设，欧盟主要国家也在积极推动有利于本国的空天政策，旨在保障本国的空间利益，增强国家安全。如，2014 年 4 月，英国航天局、国防部、外交与联邦事务部联合发布《国家空间安全政策》，政策在空间系统的抗毁能力、军事保障、外层空间活动准则等方面提出了具体目标。

四、印度卫星导航政策发展情况

印度将空间技术的发展作为增强综合国力、追赶世界发达国家的一条重要捷径。为推动印度航天产业的快速发展，印度坚持"重点主自、合作并进"的发展政策，并在通信卫星、遥感卫星和导航卫星领域取得较好的成绩。

1999 年末，印度对本国的航天工业进行了调整改革，将原来由 ISRO 负责管理的火箭制造和卫星发射等活动逐步转交给工业部门，ISRO 开始集中精力进行航天高新技术的研究、开发和系统工程管理，以及制定国家相关航天发展政策和管理计划，把一些常规的生产制造和商业活动移交给国内工业界和私营企业。

印度区域导航系统（IRNSS）发展的策略，第一步先用于专门服务印度次大陆，第二步的发展目标是进一步成为全球体系，立志替代 GPS 将成印度下一步发展政策的重点。2014 年，印度导航卫星系统建设取得新进展，分别于 4 月 4 日和 10 月 16 日发射区域导航系统（IRNSS）的第 2 颗和第 3 颗卫星；2015 年 3 月底，发射第 4 颗卫星，使印度向构建独立卫星导航系统又迈进了一步。印度计划于 2015 年前完成在轨卫星组网运行，并为印度及其周边 1500 公里区域内的终端用户提供定位、导航和授时服务。

五、日本卫星导航政策发展情况

日本在卫星导航的发展上，基本的政策取向是独立、自主、可控，并积极利用技术优势推动相关政策的落实。2008 年 5 月，日本颁布《航天基本法》，把在各领域最大限度发掘航天开发利用的可能性作为发展目标。

近年来，日本在卫星导航的发展过程中，特别强调本国空间安全、空间合作利用、空间技术研发、空间力量建设，为此推出一系列的政策和工程项目。2014 年，日本准天顶卫星系统（QZSS）的总体架构完成；8 月 28 日，颁布《关于空间开发利用的基本方针》（修订版）；10 月 31 日，内阁空间政策战略司令部提交"未来 10 年空间政策基本计划"草案。这些政策文件明确了技术和力量建设将紧紧围绕保障"综合机动防卫力量"建设而展开，强调的是确保空间的安全利用。

2015 年 1 月，日本正式推出了"新宇宙基本计划"，拟在 2023 年，将卫星数量增加至 7 颗，在日本上空实现全天候定位的准天顶卫星，构建独自的卫星定位系统。

第二节　中国北斗导航政策环境分析

2014 年，北斗导航产业化开始提速，在国家政策支持下的行业发展力度加大，产业链初步形成，并吸引国内一些大型科技公司和高端制造企业相继进入北斗导航领域。国家相关部门适时出台或准备出台一系列北斗导航产业的发展新政策，在全方位的政策扶持下，加速了北斗导航产业的发展。

一、政策支持，推进北斗应用产业发展

为保持北斗应用产业持续健康推进、不断提升市场竞争力，2014 年，国务院继《国家卫星导航产业中长期发展规划》、《关于促进信息消费扩大内需的若干意见》等政策之后，着眼北斗产业发展的需要，针对北斗应用产业链的各个环节，相继出台了一系列的政策性文件，用以规范和引导北斗产业的发展。2014 年 1 月，国务院发布《关于促进地理信息产业发展的意见》（以下简称《意见》）。《意见》明确了"加快推进现代测绘基准的广泛使用，结合北斗卫星导航产业的发展，提升导航电子地图、互联网地图等基于位置的服务能力，积极发展推动国民经济建设和方便群众日常生活的移动位置服务产品，培育新的经济增长点"[1] 等重点发展内容。对推动北斗重点领域发展、优化产业环境、推进科技创新和对外合作、加强财税金融支持、健全产业保障体系等提出了具体要求，为北斗在该领域运用提供了配套的政策保障。为推动北斗在国家应急产业中的应用，2014 年 12 月 24 日，

---

[1]　国务院《关于促进地理信息产业发展的意见》（国办发〔2014〕2 号），2014 年 1 月。

国务院在出台的《关于加快应急产业发展的意见》中强调，"在重点方向的应急服务中强调了北斗导航应急服务"，为北斗产业链的延伸明确了方向。在投资方面，《关于创新重点领域投融资机制鼓励社会投资的指导意见》中提出，鼓励民间资本参与国家民用空间基础设施建设，引导民间资本参与卫星导航地面应用系统建设。此外，军地相关部门从规范北斗产业化发展和运用的角度出发，先后出台了《中国人民解放军卫星导航应用管理规定》、《道路运输车辆动态监督管理办法》、《关于全面深化交通运输改革的意见》等政策性文件。

二、工程示范，推动北斗技术产品创新

作为新兴产业，国家对北斗卫星导航系统的建设发展进行了不同程度的支持，积极推动相关示范工程引领，培育了一批专注于北斗产品与应用的企业，初步形成了较为完整的北斗产业链。为激发出更多的北斗应用模式创新，2014年6月，国家发改委、财政部发布了《关于组织开展北斗卫星导航产业重大应用示范发展专项的通知》(以下简称《专项》)，《专项》重点支持位置服务基础平台、行业示范应用和城市综合应用示范。在《专项》政策的推动下，一些重点示范工程建设逐步推开，如《北斗室内外位置服务基础平台建设和应用示范》作为2014年北斗卫星导航产业重大应用示范专项推动实施。上海、湖北、天津等多地建成了北斗导航地面增强系统，形成覆盖若干城市的室内外无缝定位服务能力，为满足不同领域的位置服务需求提供基础支撑北斗导航位置服务数据中心推进实施，为北斗导航位置服务数据的汇集、处理、存储和服务提供依托。随着地面基础设施不断完善，为北斗特色应用创造了基础条件，如，基于北斗精密定位的车载信息服务示范、精密农（渔）业应用示范等一批特色示范工程创新推进速度明显加强。在示范工程的引领下，攻克了诸多的技术难点，催生了一大批的先进技术产品。如，高精度无缝位置服务系统"羲和系统"，该系统是北斗卫星导航信号服务的拓展和延伸，可实现室内3米、室外亚米级高精度无缝定位。

三、开放合作，打造北斗产业市场品牌

我国卫星导航指导实行"质量、安全、应用、效益"的战略方针，在系统建设和运营策略上，坚持"开放、独立、兼容、渐进"原则，实行开放、透明和稳定的军民两用政策，主要强调免费开放的民用政策，ICD文件是最重要的行动标

志。2014 年，北斗系统全面进入应用推广关键年，采取了积极开放的国际合作政策，展开了技术、产品和市场全方位交流合作，在全球 GNSS 及其产业发展中形成了积极的影响力。在国际合作上，开展与国际 GNSS 合作，尤其是 GNSS 兼容、互操作和可交换，是我国北斗发展政策的重要组成。5 月中美签署了《中美民用卫星导航系统（GNSS）联合合作声明》，10 月与俄罗斯签署《中国卫星导航系统委员会与俄罗斯联邦航天局在卫星导航领域合作谅解备忘录》。为积极推动北斗"一带一路"应用战略的实施，在东盟地区建设地基高精度增强服务基准站，向东盟国家提供分米级高精度位置服务，开展各行业综合应用，如老挝农田精细管理、血吸虫病监测，柬埔寨警务管理示范应用，泰国北斗地基增强系统等。在国内合作上，北斗芯片企业与手机芯片企业的合作，制造企业与北斗产品生产企业的合作步伐加快，军地之间推动产业发展合作机制的建立，有效推动了北斗产业的发展。在推进过程中，以企业为主体展开的国际合作得到实质性的进展，如"武汉光谷北斗控股集团有限公司"在泰国承建的 CORS 基站开始运营，为泰国民众提供基于北斗系统的高精度导航定位应用示范与体验，与墨西哥、马来西亚推动了合作意向。2014 年，上海华测导航技术有限公司北斗 /GPS 双模卫星导航实时动态差分接收机，已应用于缅甸农业数据的采集统计、土地估值与管理，蒙古国大地测量、工程测量和土库曼斯坦石油勘测领域。

表 3-2　2014 年我国有关北斗发展的重点政策

	重点政策摘要
1	《关于促进地理信息产业发展的意见》 发文时间：2014年1月22日 颁布部门：国务院办公厅 发文字号：国办发〔2014〕2号 内容概况：《意见》分充分认识发展地理信息产业的重大意义、总体要求、推动重点领域快速发展、优化产业发展环境、推进科技创新和对外合作、加强财税金融支持、健全产业发展保障体系等7部分
2	《国家地理信息产业发展规划（2014—2020年）》 发文时间：2014年7月18日 颁布部门：国家发改委、国家测绘地理信息局 发文字号：国家发改委、国家测绘地理信息局〔2014〕1654号 内容概况：规划涵盖的重点领域包括测绘遥感数据服务、测绘地理信息装备制造、地理信息软件、地理信息与北斗导航定位融合服务、地理信息应用服务和地图出版与服务

（续表）

	重点政策摘要
3	《道路运输车辆动态监督管理办法》 发布时间：2014年1月28日 颁布部门：交通运输部、公安部、国家安全生产监督管理总局 发文字号：交通运输部、公安部、国家安全生产监督管理总局令〔2014〕5号 内容概况：规定旅游客车、包车客车、三类以上班线客车和危险货物运输车辆在出厂前应当安装符合标准的卫星定位装置；重型载货汽车和半挂牵引车在出厂前应当安装符合标准的卫星定位装置
4	《关于北斗卫星导航系统推广应用的若干意见》 发布时间：2014年3月6日 颁布部门：国家测绘地理信息局 发文字号：国测办发〔2014〕8号 内容概况：加快"北斗"地面基础设施建设；突出"北斗"地基增强系统建设；全面提升位置数据综合服务平台建设水平；整合地图与地理信息、遥感数据信息、交通信息、气象信息等信息资源；采用云计算等技术，为各类用户提供综合性的位置数据综合服务
5	《中国人民解放军卫星导航应用管理规定》 发布时间：2014年6月1日 颁布部门：总参谋部 内容概况：《规定》是我军专门规范卫星导航应用管理工作的规章，共7章36条，对卫星导航应用的职责任务、规划计划、申请审批、应用组织、技术保障、安全管理等方面做出明确规定
6	《关于组织开展北斗卫星导航产业重大应用示范发展专项的通知》 发文时间：2014年6月10日 颁布部门：国家发改委、财政部 发文字号：发改办高技〔2014〕1285号 内容概况：《专项》决定于2014—2016年组织北斗星导航产业重大应用示范发展专项，重点支持位置服务基础平台、行业示范应用和城市综合应用示范
7	《关于促进智慧城市健康发展的指导意见》 发布时间：2014年8月27日 颁布部门：国家发改委、工信部、科技部、公安部、财政部、国土部、住建部、交通部 发文字号：发改高技〔2014〕1770号 内容概况：《意见》提出的指导思想是：坚持因地制宜，科学推进智慧城市建设；坚持试点先行，有序推进智慧城市建设；坚持机制创新，协同推进智慧城市建设。发展目标是基础设施更加智能，公共服务更加便捷，社会管理更加精细，生态环境更加宜居，产业体系更加优化。《意见》提出要建设一批各具特色、成效显著、具有示范效应的智慧城市，在保障和改善民生、创新社会管理、保护生态环境、调整产业结构、健全政策机制等方面取得积极成效，为我国城市转型发展提供新模式

（续表）

	重点政策摘要
8	《物流业发展中长期规划（2014—2020）》 发布时间：2014年9月12日 颁布部门：国务院 发文字号：国发〔2014〕42号 内容概况：《规划》在对进一步加强物流信息化建设时提出，加强北斗导航、物联大网、云计算、大数据、移动互联网等先进信息技术在物流领域的应用
9	《关于创新重点领域投融资机制鼓励社会投资的指导意见》 发布时间：2014年11月16日 颁布部门：国务院 发文字号：国发〔2014〕60号 内容概况：鼓励民间资本参与国家民用空间基础设施建设；完善民用遥感卫星数据政策，加强政府采购服务，鼓励民间资本研制、发射和运营商业遥感卫星，提供市场化、专业化服务；引导民间资本参与卫星导航地面应用系统建设
10	《关于加快应急产业发展的意见》 发布时间：2014年12月24日 颁布部门：国务院办公厅 发文字号：国办发〔2014〕63号 内容概况：《意见》从充分认识发展应急产业的重要意义、总体要求、重点方向、主要任务、政策措施、组织协调几个方面对应急产业的发展进行了明确，在重点方向的应急服务中强调了北斗导航应急服务
11	《关于全面深化交通运输改革的意见》 发布时间：2014年12月30日 颁布部门：交通运输部 发文字号：交政研发〔2014〕234号 内容概况：《意见》要求推动交通运输行业数据的开放共享和安全应用，充分利用社会力量和市场机制推进智慧交通建设，推进新一代互联网、物联网、大数据、北斗卫星导航等技术装备在交通运输领域的应用

资料来源：赛迪智库整理，2015 年 4 月。

第四章　2014年中国北斗导航产业重点政策解析

第一节　《关于促进地理信息产业发展的意见》

一、政策背景

近年来，随着现代测绘和地理信息系统、遥感等技术不断发展和需求的持续增加，地理信息产业迅速兴起并保持高速增长，以地理信息开发利用为核心，从事地理信息获取、处理、应用的高技术服务业市场需求也不断加大。为促进地理信息产业的快速发展，2014年1月，国务院办公厅印发《关于促进地理信息产业发展的意见》（以下简称《意见》）。《意见》对发展地理信息产业的重大意义、总体要求、推动重点领域发展、优化产业环境、推进科技创新和对外合作、加强财税金融支持、健全产业发展保障体系7部分进行了明确，旨在培育一批充满活力的企业，推动以位置服务为核心的地理信息产业发展。

二、政策要点

（一）发展目标

通过政策推动，逐步形成地理信息获取、处理、应用为主的成熟产业链，形成若干个实力雄厚、具有国际竞争力的大型企业和龙头企业，培育一批充满活力的中小型企业。用5至10年时间，使我国地理信息获取能力明显提升，科技创新能力持续增强，市场监管有效、竞争有序，产品更加丰富、应用更加广泛，产业国际竞争力显著提高。

（二）重点发展领域

1. 提升遥感数据获取和处理能力

发展测绘应用卫星、高中空航摄飞机、低空无人机、地面遥感等遥感系统，加快建设航空航天对地观测数据获取设施，形成光学、雷达、激光等遥感数据获取体系，显著提高遥感数据获取水平。加强遥感数据处理技术研发，进一步提高数据处理、分析能力。

2. 振兴地理信息装备制造

培育若干拥有知识产权的中高端地理信息技术装备生产大型企业，带动相关配套零部件生产企业向"专、精、特"方向发展，提升装备制造的专业化、精细化、特色化水平。

3. 提高地理信息软件研发和产业化水平

结合下一代互联网、物联网、云计算等新技术的发展趋势，大力推进地理信息软件研发，特别是在大型地理信息系统、高性能遥感数据自动化处理等核心基础软件产业化方面实现突破，达到国际先进水平。

4. 发展地理信息与导航定位融合服务

加快推进现代测绘基准的广泛使用，结合北斗卫星导航产业的发展，提升导航电子地图、互联网地图等基于位置的服务能力，积极发展推动国民经济建设和方便群众日常生活的移动位置服务产品，培育新的经济增长点。

5. 促进地理信息深层次应用

推进面向政府管理决策、面向企业生产运营、面向人民群众生活的地理信息应用。繁荣地图市场，鼓励制作和出版多层次、个性化、群众喜闻乐见的优秀地图产品，开发出版城市及公路水路交通多媒体地图和三维虚拟地图等特色地图。积极发展地理信息文化创意产业，开发以地图为媒介的动漫、游戏、科普、教育等新型文化产品，培育大众地理信息消费市场。

（三）重点保障措施

1. 支持企业做大做强

完善地理信息服务资质管理、数据使用许可、地图审核等制度以及地理信息标准体系。支持企业通过并购、参股等方式进入地理信息产业，鼓励地理信息企业兼并重组，优化资源配置。推动产业集群化、规模化发展，加快培育大型企业和龙头企业。

2. 加快科技创新和产业转化

加大国家科技计划、知识创新工程和自然科学基金项目对地理信息科技创新的支持力度，发挥国家科技重大专项的核心引领作用，集中力量突破一批支撑产业发展的关键共性核心技术，加快推进产业重点领域创新发展和科研成果的产业转化。强化企业在科技创新中的主体地位，鼓励符合条件的地理信息企业申请建立各类科技创新平台，构建专业技术创新与产业转化服务体系。

3. 加强人力资源建设

以促进地理信息科技创新和产业升级为重点，着力培养高层次、创新型的核心技术研发人才和科研团队。以提高产业综合竞争能力为核心，加快培育具有国际视野的经营管理人才。坚持产学研相结合，紧密结合产业发展需求，进一步优化高校专业和课程设置，努力培养国际化、复合型、实用型人才。对经批准建立的产业基地（园区）引进的高层次地理信息人才，优先安排本人及其配偶、未成年子女在所在地落户。

4. 促进国际交流与合作

积极引进、消化、吸收国外先进技术，加强多层次、多形式、多领域的研发、生产和人才培养合作。实施"走出去"战略，鼓励和支持在地理信息服务领域开展对外合作，为相关企业走向国际市场提供信息咨询和服务。鼓励企业输出地理信息服务、技术、装备和标准，承揽国际外包业务。

5. 加大财政支持力度

在现有资金渠道内，着力支持地理信息获取、处理、应用、出版等产业发展的关键环节，提升产业创新能力。进一步加大对公益性地理信息产品生产的投入力度，落实政府采购政策，鼓励政府部门地理信息服务外包。地方各级人民政府要采取有效措施，加大投入，推动形成成熟的地理信息产业链。

6. 落实相关税收优惠政策

地理信息企业销售自主开发、生产、出版的地理信息产品，符合软件产品范围和认定条件的，可按规定申请享受国家鼓励软件产业发展的增值税优惠政策。地理信息企业符合软件企业认定条件的，经认定后可以申请享受有关软件企业所得税优惠政策。地理信息企业投资国家鼓励类项目，除《国内投资项目不予免税的进口商品目录》所列商品外，在投资总额内所需进口自用设备以及按照合同随设备进口的技术及配套件、备件，免征进口关税。

7. 加大融资支持力度

鼓励企业投资地理信息产业，有条件的地方可按规定设立主要支持地理信息企业发展的股权投资（基金）企业或创业投资（基金）企业，引导社会资金投资地理信息产业，不断扩大投入规模，提高产业发展后劲。积极支持符合条件的企业采取发行股票、债券等多种方式筹集资金，拓宽直接融资渠道。银行业金融机构要在控制风险的前提下，积极拓宽抵质押品范围，开发适合地理信息企业的创新型金融产品，对其合理信贷需求给予支持。充分发挥融资性担保机构和融资担保扶持资金的作用，为地理信息企业提供各种形式的贷款担保服务，积极推动企业利用知识产权等无形资产进行质押贷款。大力发展金融租赁、融资租赁等其他间接融资方式，支持地理信息产业发展。

8. 完善政策法规

顺应新型服务业态的发展规律和发展趋势，适时研究制定和完善促进地理信息产业发展的法规、规章和政策，明确各类市场主体的权利和义务。建立健全地理信息获取、处理、应用、出版以及知识产权保护、安全保密监管等相关配套制度措施。

9. 强化各方协调配合

各相关部门要按照统一、协调、有效的原则，做好地理信息规划统筹、公共服务、市场监管、标准建设、安全管理等工作。推进军民测绘融合发展，大力推动先进军事测绘和地理信息技术成果、装备设施的社会化应用。充分发挥相关学会、协会在促进地理信息产业发展中的作用。

10. 强化基础地理信息支撑

加强基础测绘和地理国情监测，进一步丰富基础地理信息。采取优惠政策，鼓励符合条件的地理信息企业充分利用基础地理信息开展社会化应用和增值服务，开发出版多样化、大众化、具有自主知识产权的地理信息产品。

三、政策解析

我国地理信息产业形成于20世纪90年代末，经过多年的快速发展，产业已初具规模，年均增速超过 25%，呈现出良好的发展势头。但产业发展过程中呈现出企业多而不大、大而不强，核心关键技术缺乏、竞争力不强，高端仪器自主化水平不高、市场适应能力不强等问题，已经成为制约产业发展的瓶颈。如，目前我国超过 2 万家以从事地理信息相关业务的企业，40 人以下、产值不到 1000 万元的企业，占比达到 80%。

《意见》的印发，是顺应国际地理信息产业发展的潮流，从我国发展的实际出发，提出了一揽子促进地理信息产业发展的政策措施，必将有效解决我国地理信息产业中存在的系列问题，极大地促进我国地理信息产业发展。随着具体目标的实现，测绘仪器装备、导航芯片、导航终端、遥感系统及平台、数据处理设备、地理信息应用终端等产品的技术水平成熟，将为地理信息产业发展提供重要支撑，能够提升地理信息产业上、中、下游产品的竞争力。

未来几年，《意见》将为我国地理信息企业做大做强注入巨大动力和无限活力，必将引爆我国地理信息产业的快速发展。可以预见，未来我国地理信息技术企业的布局将进一步合理，相关软硬件企业向专、精、特方向发展，自主品牌的中高端产品将成为市场的主角。传统测量仪器的升级换代将加速，自动化、智能化程度加强。地理信息软件的研发和产业化水平将逐步提高，市场机遇将不断加大。现代测绘基准的社会化应用、北斗卫星导航的产业化应用、导航定位与位置服务，将成为潜力巨大的新市场。

第二节 《关于北斗卫星导航系统推广应用的若干意见》

一、政策背景

为贯彻落实《国务院办公厅关于促进地理信息产业发展的意见》与《国家卫星导航产业中长期发展规划》，加速推动北斗导航系统的推广应用。2014 年 3 月，国家测绘地理信息局出台了《关于北斗导航系统推广应用的若干意见》（以下简称《意见》），《意见》旨在发挥测绘地理信息部门的职能优势，履行监管与服务职责，加快北斗卫星导航系统在民用领域的推广应用和产业化发展。

二、政策要点

（一）加强"北斗"推广应用的统筹协调

一是充分发挥测绘地理信息部门的作用。"北斗"是我国地理信息产业的重要支撑。在推动"北斗"产业化过程中，各级测绘地理信息行政主管部门在市场准入、安全监管、产品认证和质量检测等方面担负着重要职责。各地测绘地理信息部门要在国家测绘地理信息局的统一指导和部署下，认真履行职责，在推动"北斗"应用产业化中发挥好行业主管部门的作用。二是建立"北斗"推广应用统筹机制。在"北斗"地面基础设施建设、科技创新等方面，测绘地理信息部门具备独特优势，要积极主动与发展改革、财政、科技等部门沟通协调，发挥中央、地方和其他社会组织的优势，统筹规划卫星导航基础设施的建设和应用，加强科技创新，大力促进"北斗"产业化应用。同时，要加强位置服务的数据安全监管，健全市场监督管理机制。

（二）加快"北斗"地面基础设施建设

一是加快推进现有国家卫星导航连续运行基准站网络改造，实现对"北斗"的兼容。统筹指导各地开展"北斗"地基增强系统建设。加快推进现代测绘基准的广泛使用，为用户提供更高精度的"北斗"导航与定位服务。二是全面提升位置数据综合服务平台建设水平，充分利用"天地图"等优势资源，加快现代大地基准建设，推进位置服务体系建设。综合地图与地理信息、遥感数据信息、交通信息、气象信息、环境信息等信息资源，采用云计算等技术，为各类用户提供综合性的位置数据综合服务。

（三）加强"北斗"应用科技创新

一是加强"北斗"应用创新能力建设。整合现有行业科技资源，推动面向行业应用的工程（技术）研究中心、企业研发中心等创新平台建设，支持科研院所和高等院校建立产、学、研、用相结合的"北斗"应用技术创新体系，开展多领域、跨学科科技攻关和技术研发，积极支持基于位置的大数据及物联网科技创新和应用服务，增强关键技术和共性技术持续攻关能力。二是突破"北斗"应用关键技术。开展基于"北斗"的实时动态高精度定位技术研究，研制多功能的精密单点定位软件系统，研究基于"北斗"的单基准站差分、多基准站局部区域差分和广域差分技术，提高定位结果的可靠性与精度。加强星载北斗接收机及星载多模接收机的研制，促进"北斗"在卫星测绘领域的应用。开展"北斗"相兼容多系统联合应用技术及"北斗"在各行业应用的独立支撑技术研究。加快推进高精度高动态时空基准信息应用服务、室内外无缝衔接定位服务和智能位置服务等应用技术创新，拓展"北斗"应用的深度和广度。三是加强"北斗"应用标准体系建设。将"北斗"应用标准体系建设纳入测绘地理信息标准化建设规划，研究建立"北斗"应用标准体系框架。以测绘地理信息基准建设、数据采集与加工处理、导航定位与位置服务、应急保障服务等方面为重点，着力推进行业应用急需、共性和基础性标准的制定或修订，促进"北斗"在测绘地理信息领域的推广应用，促进"北斗"应用标准的军民通用化和国际化，加强"北斗"应用标准体系的宣贯工作。

（四）支持"北斗"相关企业发展

一是充分发挥行业协会作用。中国卫星导航定位协会要发挥好引导、协调、服务作用，积极推动"北斗"社会化应用、科技创新、教育培训和行业自律，要定期发布"北斗"白皮书，引导社会应用"北斗"，促进"北斗"产业发展。二是引导企业集聚发展。国家和地方的地理信息科技产业园要通过税收、金融、股权激励、高新技术企业认定等方面的优惠政策，吸引更多"北斗"相关企业入驻，充分发挥地理信息产业园的集聚作用。三是大力支持企业"走出去"。鼓励有条件的企事业单位在境外合作建立"北斗"卫星导航研发中心和营销服务网络，大力开拓国际市场。利用与联合国合作的"中国及其他发展中国家地理信息管理能力开发"项目平台，开展卫星导航领域的国际合作，鼓励国外企业开发利用北斗系统。四是支持企业申报"北斗"产业化示范项目。组织有条件的卫星导航企业，积极申报国家发改委和财政部支持的国家卫星及应用产业发展项目。与相关部门合作，共同设立"北斗"测绘地理信息应用示范项目。

（五）推动"北斗"行业应用

一是加强"北斗"在测绘地理信息行业的应用。在重大工程、重点计划、重要领域积极研究推进使用"北斗"。在工程测绘、不动产测绘、环境监测等工程中，积极研究推进使用"北斗"。要将实时动态空间基准———"国家现代测绘基准体系基础设施"作为重大工程，加快利用"北斗"升级改造并推广应用。二是促进"北斗"在其他重点行业的应用。通过提供技术支持、共同开发应用系统等多种方式，与公共安全、交通运输、防灾减灾、农林水利、气象、国土资源、环境保护、公安警务等部门积极合作，大力推进"北斗"产品和服务在这些行业及领域的规模化应用。

（六）优化"北斗"应用市场环境

一是加强位置服务的安全监管。在《测绘管理工作国家秘密范围的规定》等保密政策修订过程中，加强导航与位置服务相关数据保密范畴的研究，科学确定基于"北斗"的测绘地理信息成果安全保密的内容。协调、联合有关部门，制定"北斗"导航与位置服务的数据安全管理制度，加强对导航与位置服务平台及用户位置上报行为的监管，在发挥"北斗"定位精度优势的同时保障国家安全和利益。严格执行地理信息保密管理各项制度，切实为"北斗"产业化应用提供安全有序的市场环境。二是加强"北斗"导航与定位服务产品质量检测与监管。积极推进相关部门合作建立"北斗"导航与位置服务产品质量检测工作机制，切实加强对"北斗"导航与位置服务软硬件产品的质量检测和监督管理。开展基于"北斗"的测绘装备测试定型及产品认证工作，促进自主创新成果转化。建立权威地图导航定位产品质量综合测评体系，以《车载导航电子地图产品规范》和《导航电子地图检测规范》为基础，进一步强化地图导航产品的检验测评工作。重大工程、重点计划、重要领域积极研究推进使用"北斗"；在工程测绘、不动产测绘、环境监测等工程中，积极研究推进使用"北斗"；要将实时动态空间基准——"国家现代测绘基准体系基础设施"作为重大工程，加快利用"北斗"升级改造并推广应用。

三、政策解析

《意见》的出台是基于北斗在政府公共事务管理、城市管理、安防、监测以及军事、应急救援等政务应用需求量不断增长，从北斗产业化发展的现实意义、统筹协调、基础建设、科技创新、企业发展、行业应用和市场环境等方面，提出若干政策性意见，将进一步推动我国北斗导航系统产业发展和大众化应用。

《意见》提出，全面推进北斗地基增强系统建设，不断提高北斗精度，实现北斗卫星导航系统的定位精度可以精确到米级、厘米级甚至毫米级水平。随着精度的提高，核心关键技术的成熟及价格的趋于合理，应用服务市场将呈井喷式增长。如授时应用涉及国防、金融、交通、电力等重点行为安全，是北斗应用的重点领域，目前国内的卫星授时系统主要采用 GPS 系统，随着技术和产品的成熟，未来北斗兼容型授时终端，将加速替换单一模式的 GPS 终端，市场发展潜力巨大，预计到 2020 年仅北斗授时应用市场年销售额就将超过 30 亿元。

《意见》强调，要加强北斗应用科技创新，创新要以突破应用关键技术为重点，同时，强调北斗兼容多系统联合应用技术和北斗应用独立支撑技术的研究。在芯片研发方面，目前世界各国的导航芯片企业都在争取做兼容 GPS 和北斗的双模芯片，多模芯片是未来芯片技术发展的方向和必然趋势。随着北斗系统的不断完善和终端价格的逐步下降，北斗、GPS 双模的导航产品将成为发展的主流，随着车载终端初始装配率的提升，北斗在车载终端具有较大发展潜力和市场预期。

《意见》要求，加强北斗在重点行业中的应用，通过工程测绘、不动产测绘、环境监测等重大工程、重点计划的促进带动，北斗系统的技术水平将逐步得到提升，未来在公共安全、交通运输、防灾减灾、农林水利、气象、国土资源、环境保护、公安警务等领域逐步得到应用，将进一步推动我国北斗产业的全方位发展。2014 年，启动了测绘地理信息公益性行业科研专项，北斗技术推广应用的关键技术、标准体系建设、检测技术、应用示范等作为优先领域给予支持，从而为北斗产业化发展提供科技创新支撑。

第三节 《关于组织开展北斗卫星导航产业重大应用示范发展专项的通知》

一、政策背景

为进一步贯彻落实《"十二五"国家战略性新兴产业发展规划》、《国务院关于促进信息消费扩大内需的若干意见》和《国家卫星导航产业中长期发展规划》，继续支持北斗重大应用项目的建设，加速推动北斗卫星导航产业核心技术与产品的产业化和规模化应用，促进我国北斗卫星导航产业快速健康发展，2014 年 6 月，国家发改委、财政部发布《关于组织开展北斗卫星导航产业重大应用示范发展专项的通知》（以下简称《专项》），启动 2014—2016 年北斗卫星导航产业重大应用示范发展专项行动。《专项》重点支持位置服务基础平台、行业示范应用和城市综合应用示范。

二、政策要点

（一）实现目标

通过示范工程实施，逐步推动建立以应用为导向、用户为龙头、企业为主体的北斗导航产业发展模式，推动技术创新、产品创新、服务模式创新和商业模式创新，着力促进北斗卫星导航产品与服务的市场化、规模化应用，到 2016 年北斗应用总量超过 3000 万台套，实现从百万量级到千万量级的突破。重要领域智能化应用水平显著提升，自主发展能力明显增强。

（二）支持原则

1. 突出重点，服务经济社会发展。围绕行业发展和区域经济社会发展重大需求，重点支持需求迫切、社会效益明显、示范意义大、带动效应强的项目，特别是对于保障经济社会安全，改善民生，实现建设生态文明和美丽中国、建设海洋强国等国家战略有重大意义的应用项目。

2. 统筹资源，形成产业发展合力。鼓励行业和地区将北斗卫星导航应用纳入其相关发展规划和行动计划，积极发挥政府推进北斗导航应用的导向性作用，优先支持应用基础较好、资源有效整合、发展目标明确、配套政策到位、组织保障可行、资金等条件落实的项目，特别是作为政策采购服务的项目。

3. 融合创新，推动市场规模应用。充分发挥市场配置资源的决定性作用，鼓励各类市场主体积极培育发展有利于扩大市场需求的新型服务业态，支持北斗导航技术与卫星遥感、卫星通信及相关信息技术的融合创新发展，支持综合应用服务平台建设和服务模式、商业模式创新，为政府、企业、公众提供更多更好的专业服务和增值服务。

（三）支持重点

以提升基础设施服务保障能力、扩大应用规模为目标，重点支持北斗室内外位置服务基础平台建设、重点行业和重点区域的重点示范应用。

1. 支持位置服务基础平台建设和应用示范

重点支持北斗室内外位置服务基础平台建设，形成覆盖到若干城市的室内外无缝定位服务能力，为消防救援、民生关爱、城市物流配送、市政精细管理等领域位置服务需求提供基础支撑。

2. 支持重大应用示范

重点支持电力授时、公安警务、建筑安全、监测、海关物流监管、保险综合应用、海洋开发利用、林业生态保护、消费电子等 8 个领域的示范。

3. 区域重大应用示范

重点支持有关省市结合本地发展需要开展城市综合应用示范，在消防救援、智能公共交通、民生关爱、城市本着、市政精细管理、地下管网安全、精准农业、智慧旅游等 8 个领域，推进北斗卫星导航系统多元化、市场化、规模化应用。

三、政策解析

《专项》的目的在于引导和鼓励中央、地方和企业形成政策与资源合力，以行业和地区应用政策为依托，将北斗系统融入国民经济重要行业和重点地区，成为行业和地区创新驱动发展、实现转型升级的重要支撑。同时，激发市场主体积极性，按照市场化发展规律，着力推动北斗系统规模化、商业化应用取得重大突破。

2014—2016 年北斗导航产业重大应用示范发展专项，已于 2014 年 6 月启动，通过政策支持和重大应用示范项目的实施，有效推动北斗导航产业的发展。受北斗优惠政策及产业示范工程的刺激，2014 年，北斗导航产业化开始提速，一些知名互联网企业和上市公司正加速布局北斗产业，竞相进入北斗导航领域，新成立的北斗企业、产业园、基地的数量激增。

《专项》实施目标为逐步建立以应用为导向、用户为龙头、企业为主体的北斗导航产业发展模式，到 2016 年北斗应用终端总量超过 3000 万台套，实现从百万量级到千万量级的突破，重要领域智能化应用水平显著提升，自主发展能力显著增强。2014 年军用和民用市场规模同比 2013 年都将有数倍的高速增长。另外，在重大应用示范工程的牵引下，北斗导航在北斗授时、消费电子、建筑安全检测、海洋开发利用、智能公共交通、地下管网安全、物流配送等领域的市场空间将被激活。

第四节 《道路运输车辆动态监督管理办法》

一、政策背景

为贯彻落实国务院《关于进一步加强企业安全生产工作的通知》的文件精神，

在多年的技术平台建设、终端产品研发、标准规范制定、运行试点等一系列实践基础上，2014年1月，由交通运输部、公安部、国家安全生产监督管理总局发布了《道路运输车辆动态监督管理办法》（以下称"5号令"）。"5号令"进一步加强了安全管理的信息化进程，对各个运营主体责权利的划分更为详细，操作性也更强。

二、政策要点

（一）适用车辆

"5号令"所称道路运输车辆，包括用于公路营运的载客汽车、危险货物运输车辆、半挂牵引车以及重型载货汽车（总质量为12吨及以上的普通货运车辆）等。

（二）管理部门

"5号令"明确道路运输管理机构、公安机关交通管理部门、安全监管部门依据法定职责，对道路运输车辆动态监控工作实施联合监督管理。

（三）前装车辆

"5号令"规定，旅游客车、包车客车、三类以上班线客车和危险货物运输车辆在出厂前应安装符合标准的卫星定位装置。重型载货汽车和半挂牵引车在出厂前应安装符合标准的卫星定位装置，并接入全国道路货运车辆公共监管与服务平台。

（四）车辆监控

1. 道路运输企业是道路运输车辆动态监控的责任主体。

2. 道路旅客运输企业、道路危险货物运输企业和拥有50辆及以上重型载货汽车或牵引车的道路货物运输企业应当配备专职监控人员。专职监控人员配置原则上按照监控平台每接入100辆车设1人的标准配备，最低不少于2人。监控人员应当掌握国家相关法规和政策，经运输企业培训、考试合格后上岗。

3. 道路货运车辆公共平台负责对个体货运车辆和小型道路货物运输企业（拥有50辆以下重型载货汽车或牵引车）的货运车辆进行动态监控。道路货运车辆公共平台设置监控超速行驶和疲劳驾驶的限值，自动提醒驾驶员纠正超速行驶、疲劳驾驶等违法行为。

4. 道路运输企业应当建立健全动态监控管理相关制度，规范动态监控工作：系统平台的建设、维护及管理制度；车载终端安装、使用及维护制度；监控人员岗位职责及管理制度；交通违法动态信息处理和统计分析制度；其他需要建立的制度。

5. 道路运输企业应当根据法律法规的相关规定以及车辆行驶道路的实际情况，按照规定设置监控超速行驶和疲劳驾驶的限值，以及核定运营线路、区域及夜间行驶时间等，在所属车辆运行期间对车辆和驾驶员进行实时监控和管理。

6. 监控人员应当实时分析、处理车辆行驶动态信息，及时提醒驾驶员纠正超速行驶、疲劳驾驶等违法行为，并记录存档至动态监控台账；对经提醒仍然继续违法驾驶的驾驶员，应当及时向企业安全管理机构报告，安全管理机构应当立即采取措施制止；对拒不执行制止措施仍然继续违法驾驶的，道路运输企业应当及时报告公安机关交通管理部门，并在事后解聘驾驶员。

7. 道路运输经营者应当确保卫星定位装置正常使用，保持车辆运行实时在线。卫星定位装置出现故障不能保持在线的道路运输车辆，道路运输经营者不得安排其从事道路运输经营活动。

8. 任何单位和个人不得破坏卫星定位装置以及恶意人为干扰、屏蔽卫星定位装置信号，不得篡改卫星定位装置数据。

9. 卫星定位系统平台应当提供持续、可靠的技术服务，保证车辆动态监控数据真实、准确，确保提供监控服务的系统平台安全、稳定运行。

三、政策解析

"5号令"的出台，强调在监管的同时，对车载终端产品的技术、运营服务平台的可靠性、道路运输企业等单元以及卫星导航运营商提出了更高、更新、更实用的要求。对卫星导航产业的发展无疑是一针兴奋剂、催化剂，必将影响导航产业的走向。

"5号令"的实施，将不断推动各类运营服务平台的建设不断完善，服务模式将从单一安全监控向企业综合管理转变，从模糊方案转为精确方案，从低端服务转为高级服务，随着一系列的服务模式的转变，与之配套的软件市场、新技术开发运用市场、自动服务平台建设市场的需求将呈现不断壮大之势。未来必须抓住需求，满足需求、推出专业、增值服务，方能提高竞争力、开拓大市场。

　　"5 号令"的实施，对该领域导航配套产品市场的推动作用明显。随着北斗产品在国家指令性运输领域成功运用，北斗与 GPS 产品在竞争过程中的技术和价格差距逐步缩小，北斗导航的终端产品向家用小型车及其他车型运用的前景广阔，车载导航和位置服务为代表的移动互联网，将成为未来北斗在民用领域规模最大、发展最快的市场。同时由北斗车载导航终端产品市场的扩大，将带动配套电缆、接口、包装等非核心配套产业的发展。

热 点 篇

第五章　互联网思维助推卫星应用产业新发展

第一节　互联网思维的概念

互联网思维，就是在移动互联网、云计算、大数据等技术不断发展的环境下，对产品、对市场、对企业价值链、对用户乃至对整个商业生态系统进行重新审视的思考方式。这也是人们对全生态重新审视的思考方式。

随着互联网技术的发展和普及，计算机、智能手机、网络已经深入到人们生活和社会工作的各个方面，可以这么说，当今的社会已进入了互联网时代。在互联网时代，催生出了一种新的方法论和世界观，即互联网思维，它以社区化、平台化以及草根化为精髓对当今互联网迅速发展进行诠释。因此，在当今互联网时代，任何一个行业要想获得成功就必须要具备互联网思维，这也是众多企业达成的共识。

第二节　互联网思维助推北斗产业发展

在卫星应用产业发展受到各国高度重视的当下，亟须突破原有的发展思维，找到一种新的发展模式和盈利模式，切实让卫星应用真正贴近生活、服务大众，实现广泛而长远的发展。在以互联网为主导的新一轮科技革命和产业革命加速发展的时代，信息资源已成为一个国家的战略资源，直接或间接地影响着各行各业的生存和发展，信息服务已成为不同行业企业竞争的焦点。卫星导航领域在信息服务领域有着独特优势，互联网技术发展给卫星应用带来了很大机遇，卫星导航系统依托自身的地基信息和天基信息，借助互联网进行相互融合，可形成更高精度的时间及位置、更好地传输和更广泛地感知，提供更有竞争优势的信息服务。

由于我国卫星导航产业起步较晚，北斗导航系统服务民生和经济的时间较短，用户对北斗系统的服务质量和效率等缺乏足够的认识，在国内外市场中尚未形成较强的竞争力。未来要打破 GPS 一家独大的格局，迫切需要找到突破口，谋求差异化发展，特别是顺应互联网发展潮流，借助互联网思维助推北斗系统的规模化发展和应用。

从实际情况看，北斗系统应用更多地集中在终端产品的制造与销售环节，随着互联网思维不断冲击工业化思维，北斗系统应用的主力也要随之而改变，逐步从传统的终端生产型企业，转为以用户至上的互联网思维为主的、能够提供行业整体解决方案和综合集成服务的企业。所谓的借助互联网思维发展北斗产业（互联网＋北斗），就是探索一种全新的商业模式，如营造北斗产业生态、提供行业应用及服务平台等，向服务环节延伸北斗产业链条，通过向用户提供服务来盈利。具体来讲，可依托北斗系统的短报文服务功能，拓展更多适合不同用户需求的产品和服务，依服务内容的特点收取相应的费用。这种方式既能充分发挥北斗系统的资源优势，创造更多更大的产值，又能根据用户需求提供个性化服务，促进信息消费。

此外，用户实际体验对于实现互联网思维在北斗系统的助推作用至关重要。北斗系统在提供导航服务方面有先天优势，因其星座设计方式比较独特，能使用户同时接受中高轨道导航卫星服务，而且由于卫星的仰角较高，使其在抗遮挡能力方面有优势，特别是在树木遮蔽、多层立交、城市峡谷等环境中，用户仍可获得高质量、持续的导航定位服务，极大地提升用户体验。加之，我国是当前世界上最大的、最具消费潜力的市场，为加速我国北斗系统发展产业提供了庞大的市场空间和外部条件。

第六章 北斗应用逐步向全球市场拓展

第一节 北斗导航服务应用走向亚太地区

亚太地区的国土面积占全球达 21.3%，人口却占全球的 57.2%，对卫星导航产品和服务的市场需求十分巨大。当前，虽然亚太地区部分国家具有一定的卫星导航应用实践和基础，卫星导航技术也较好，但仍有相当一部分的国家卫星导航应用基础较为薄弱，集中表现在：卫星导航系统的独立研发及生产能力尚不具备、卫星导航增强系统及相关基础设施尚不完善、大众应用需求和相关行业有待挖掘开发、自主的卫星导航产业链尚未形成等。鉴于此，亚太地区发展卫星导航应用产业的潜力巨大、需求迫切。随着北斗完成对亚太地区的全覆盖，目前已有多个国家提出使用北斗的合作意愿，如巴基斯坦、蒙古、缅甸、澳大利亚等。而且，科技部已与东盟国家建立了"中国—东盟科技伙伴计划"，将东盟国家作为北斗系统现阶段重要的服务对象。此外，包括中老缅泰四国联委会、联合国亚太经社委员会、APSCO 等在内的多个亚太国际组织对应用北斗系统表现出了积极的态度。

第二节 北斗系统加速融入全球立体化信息服务产业

为加快北斗系统向全球推广应用，2012 年以来，北斗系统根据"先区域、后全球"的战略部署，分阶段进行组织实施，形成了走出中国、冲破区域、面向世界的极富特色的北斗系统应用发展路线。2013 年国务院办公厅公布了《国家卫星导航产业中长期发展规划》，提出"实现北斗卫星导航系统全球覆盖"的总体发展目标，以及"推动海外市场开拓"的主要任务，为我国北斗系统的全面发展提供了思路和指向。当前，我国北斗应用正按照"三步走"发展战略和《规划》中制定的主要任务，正积极稳妥推动北斗应用从亚太地区走向全球市场范围，并加速融入全球立体化信息服务产业。

第七章 高精度定位服务系统"羲和"正式应用

第一节 北斗高精度定位服务系统建设进一步加强

2014年4月25日，科技部国家遥感中心宣布，我国独立自主研发的高精度定位服务系统——"羲和"已于当日正式播发定位信号，标志着我国北斗系统的服务能力进一步提高，这将加速北斗系统的产业化应用和规模化发展。

"羲和"系统是在已有的卫星导航系统和移动通信技术基础上发展起来的，为用户提供更高精度、更广范围的定位服务系统，能够有效识别并对接不同类型的卫星导航系统。突出作用是：进一步强化我国北斗系统的服务能力，拓宽北斗系统应用范围。

"羲和"系统作为《导航与位置服务科技发展"十二五"专项规划》的重要成果之一，主要以北斗/GNSS、移动通信、互联网、卫星通信系统为基础，融合广域、精密定位等技术，实现实时室内外精密定位，同时具备室外亚米级以及城市室内优于3米的无缝导航定位能力。"羲和"系统已在北京、天津、上海等地进行了相关国土资源调查、车辆监控与导航、精细农业、实时位移监测等领域的应用示范，并取得了较好的效果。"羲和"系统也将支持相关芯片、模块、终端以及关键设备的研制和生产，使用户享用到如米级室内、定位车道级导航等服务。

第二节 "羲和"系统技术优势在市场竞争中得到体现

北斗高精度定位应用主要是基于正在建造的北斗地基增强系统，此系统通过统筹整合区域北斗 CORS 网[1]，形成覆盖全国的北斗 CORS 网，能提供优于米级乃至厘米级的导航定位服务，也将为在重点区域和特定场所实现室内外的无缝定位服务提供支撑。

目前，高精度定位产品是北斗导航系统下游应用中最成熟的细分行业，但北斗高精度市场应用占有率还较低，可借助"羲和"系统具有高精度技术优势，在激烈的市场竞争中加速前进。

"羲和"系统凭借自身高精度定位服务的优势，在民用领域应用前景巨大。如实时掌握家中小孩、老人的行踪以防止意外发生；帮助用户快速了解停车场情况，迅速找到停车位；协助客户在展馆迅速找到感兴趣的展品等。目前，"羲和"系统已在机场服务定位、商场室内定位、应急救援泊车等领域得到广泛应用。

---

[1] CORS网是利用全球导航卫星系统（Global Navigation Satellite System,以下简称GNSS）、计算机、数据通信和互联网络等技术，在一个城市、一个地区或一个国家根据需求按一定距离建立长年连续运行的若干个固定GNSS参考站组成的网络系统。

第八章　构建北斗新时空服务体系

第一节　着眼建立多技术一体化融合的新型北斗服务体系

北斗时空服务体系，是从国家安全和经济社会发展全局角度出发，创立北斗时空服务的前瞻性理论，并以北斗系统提供的空间信息和时间信息为基础，融合多种新兴技术，聚合多领域卫星应用，整合众多类型的数据信息资源，构建天地一体、无缝覆盖、功能强大的北斗时空信息服务网络，建立安全、高效、自主可控的北斗时空服务平台体系，提升对全球信息资源的掌控能力，推动中国特色的智能信息服务产业的超前、领先发展。

北斗新时空服务体系是北斗时空服务体系的升级版，其特征是泛在、智能、普适、惠民。北斗应用要从亚太区域向全球覆盖，要为全世界提供空间和时间信息服务，必须实现理论创新，针对未来北斗系统的发展方向，从基础理论上推进智能信息服务产业的跨越发展。目标是思想观念、理论创新和技术能力的双重赶超，在原有北斗系统的基础上实现升级转型和更大跨越。北斗新时空服务体系也是实现室内外、天地间及多种技术的一体化融合的关键共性基础。

第二节　全力打造形成跨界融合的新兴产业价值链

构建北斗新时空服务系统是要形成一套比较完整的体系，包括空间星座星系系统、环境监测增强系统、地面运营控制系统以及用户应用服务系统。建立北斗新时空服务体系对于北斗未来发展至关重要，未来将形成以北斗为核心，新时空为主体的智能信息产业。智能信息产业需要前沿性理论来引领，以引导整个产业发展。

信息化时代，北斗新时空服务体系在构建过程中，要与大数据、云计算、物联网、移动互联网等结合起来。在指标要求上，需要同时具备可靠、可用、可交换等特点，兼具精准确保、互动替代、泛在智能、实时融合等特征，打造形成高效的产业价值链。其中最为关键的是解决移动通信技术与卫星导航技术的融合问题，从而提供系统的解决方案。

构建北斗时空服务产业链，最终是要实现"理论创新赢得制时空治理权、技术创新赢得国际话语权、产业创新赢得发展主动权"三大制权。

产业链篇

第九章　北斗导.航芯片

北斗导航系统异常复杂，涉及环节众多，产业链主要由卫星制造、卫星发射、卫星系统、基础类产品、终端产品、应用系统与运营服务以及大众消费者与专业用户等几大部分构成。经过多年的发展，我国的北斗卫星导航定位系统已经形成了较为完善的产业链，从事北斗产品生产和研发的企业与研究机构有近300家，为北斗产业未来的快速发展打下了坚实的基础。

在卫星制造和卫星发射领域，我国企业实力突出、竞争力强，能够实现整星出口和发射任务，由少数企业所垄断。卫星制造由中国航天科技集团隶属的中国空间技术研究院、上海航天技术研究院、中国卫星等几家机构完成。卫星发射由中国运载火箭技术研究院完成，另外由航天电子提供卫星发射的控制系统、利用系统、逃逸系统和遥测系统等配套设备，航天动力提供液体火箭发动机等配套设备。但是，在基础类产品、终端类产品、应用系统和运营服务等领域，我国企业规模较小、整体实力偏弱，尤其是芯片、板卡、天线、算法、软件、接收机和终端等技术水平较低，与国外企业差距明显。

美国GPS导航系统早在1994年就建成并开始向全球提供民用服务，到2007年我国北斗导航系统才建成，在2012年底才开始向亚太地区提供服务，在此期间内，我国导航终端中绝大部分使用的是美国的GPS芯片，致使美国GPS芯片已经占领了我国卫星导航市场的90%。北斗卫星导航目前较低的市场份额使得实现北斗加GPS导航逐渐替代美国GPS导航的规划显得更为艰难，这也成为推动北斗卫星导航应用产业化的主要瓶颈。

芯片是卫星导航产品的关键核心部分，芯片的优劣与否很大程度上决定了卫星导航产品的性能，而芯片技术的发展直接关系到产品的技术指标和未来发展方向。正是由于芯片产业在北斗导航中的这种重要地位，使得北斗芯片对终端的体积、重量、成本和性能有着决定性影响，直接影响着北斗卫星导航产业能否实现大规模的推广发展。从目前来看，我国卫星导航芯片产业发展落后的现状是北斗卫星导航应用产业化的重大瓶颈，使得实现北斗加 GPS 导航逐渐替代美国 GPS 导航的规划暂时难以实现。因此，我国必须非常重视北斗芯片产业的发展。

第一节　新一代核心技术实现突破

2014 年，我国北斗芯片取得了重大突破，出现了众多类型的新一代北斗芯片。在 2014 年 11 月 27 日召开的上海军民两用技术促进大会上，我国首颗 40 纳米级导航芯片亮相。其尺寸仅有 5 毫米见方，加工精度达到国际先进水平。上海北伽导航科技有限公司研发的"航芯一号"，是国内首颗 40nm CMOS 北斗 /GPS 基带射频一体化 SOC 芯片，集成度高，功耗低，应用成本低，可应用于包括智能手机、平板、可穿戴设备、车载导航、监控和授时等智能终端市场。"航芯一号"的问世，打破了国外对卫星导航定位领域高、新、尖产品及关键技术的垄断，对保障国家安全具有重大战略意义。据悉，身材只有五毛硬币 1/25 大小的"航芯一号"正和中兴通讯手机联合测试，已完成 50 台样机。明年装有这款芯片的国产手机将量产，宣告我国自主建设、独立运行的北斗导航系统的关键设备，全面进入消费电子领域。

同时，在 2014 年初，中国航天科工信息技术研究院西安航天华迅公司也宣布成功研发出第四代高性能北斗 /GPS 导航芯片，成为北斗兼容芯片中的又一重大研究成果。据该公司介绍，该芯片定位精度为 2.5 米，俘获灵敏度、跟踪灵敏度等各项性能指标达到国际领先水平。同时，北斗四代芯片及其实施和运营已经在不久前成功中标"陕西省公安系统警务用车卫星定位管理系统"项目。该项目是我国公安系统警务用车管理领域首个省级北斗应用项目，陕西全省公安机关各类警务用车累计安装北斗定位车载终端超过一万台，系统建成后将全面提高陕西省警务用车的使用效率。第四代高性能芯片的成功中标也预示着该芯片的前景十分可期。

第二节　北斗国产芯片已规模应用

早在 2013 年 12 月 27 日，《北斗卫星导航系统空间信号接口控制文件(2.0 版)》

和《北斗卫星导航系统公开服务性能规范（1.0 版）》正式发布，使北斗系统成为世界上首个拥有两个公开服务频点的卫星导航系统，定位精度优于 10 米。按照既定规划，目前北斗系统正在稳步实施第三步规划，到 2020 年，将有 36 颗卫星在天空中为北斗导航系统服务，北斗信号将覆盖全球，届时可为全球提供导航定位和信息服务。

在应用方面，随着示范项目和重大工程的稳步推进，北斗系统的应用广度和深度正逐年提升，直接带动了国内自主研发的北斗芯片等基础产品进入规模应用阶段。据统计，截至 2014 年第一季度，国产北斗系统 / 全球卫星导航系统（BDS/GNSS）导航兼容模块累计销量已达 200 万片以上。

在行业应用方面，仅在交通领域就有近 30 万辆运输车辆批量在应用北斗芯片，同时，开始在气象探空和水汽电离层监测方面开展了全面试验验证，加上民政、公安、海上搜救等领域已启动的示范应用和国土资源、旅游、电力等行业正在积极论证示范项目，北斗国产芯片的应用范围正在不断扩大。

在大众市场方面，近 4000 万部具备北斗定位功能的智能手机已投放市场，与此同时，国内 20 多个品牌 200 余款车型的北斗兼容车载导航仪已走向市场，前装、后装市场已完成 20 余万台具备 BDS/CNSS 功能车载导航的安装和销售。可以预见，未来随着芯片小型化、低功耗、低成本的发展，北斗国产芯片的应用规模将不断扩大，北斗将全面走向大众应用，服务大众生活。

第三节　北斗芯片逐步装入国产手机

随着由国内导航公司最新研发的 40 纳米级北斗射频芯片"航芯一号"成功投入市场并将装入国产手机等设备，可以预计，2015 年装有这款芯片的国产手机将量产，宣告我国自主建设、独立运行的北斗导航系统的关键设备，全面进入消费电子领域。"航芯一号"将会在 2015 年 3 月投入量产，进入多个国内的品牌手机，并将逐步进入车载导航、平板电脑、可穿戴设备等，预计 2016 年，这款芯片将实现超过千万级的大规模应用。

与此同时，实现了兼容型 SOC 系列导航模组的技术突破，使导航产品的制造成本大幅下降，为其在我国民用市场的推广普及打下了基础。以前，"北斗"的导航模组市场价格普遍在 50 元左右，是单 GPS 模组价格的一倍以上，进入民用市场步履艰难。而由中国中电国际卫星应用技术创新中心研发的最新一代北斗兼容型 SOC 系列导航模组，价格成本已经降到 30 元以内，与单 GPS 模组处于相同的价位水平，打破了长期限制北斗市场化、规模化推广的价格障碍。

目前，除了中兴，已有多款手机产品支持北斗卫星导航系统，高通支持北斗的芯片时间比国产芯片更早，内置骁龙处理器已有多款支持北斗卫星导航的智能手机商用，包括华为 B199、中兴 GrandS2、中兴星星一号、中兴红牛 V5、天语 Touch2/3/5LTE、努比亚 X6、vivo Xplay3S、TCL S838M、TCL S838U、三星 Galaxy S5、三星 Galaxy Note3（N9008V/N9006）、HTC M8、Moto E 等。

虽然北斗卫星导航系统完全可以替代 GPS，但推广和普及成为北斗的最大障碍，北斗卫星全面进入消费电子领域，芯片大批量生产，无疑会降低生产成本，有利于加速北斗商用速度。

第四节　国产芯片主导国内市场依旧面临挑战

虽然北斗卫星导航系统是我国自主发展、独立运行的全球卫星导航系统，也是继美国的 GPS、俄罗斯的格洛纳斯之后，第三个成熟的卫星导航系统。但是长期以来，GPS 已经在中国乃至世界盛行多年，与民众日常生活息息相关的位置服务基本由 GPS 垄断，手机终端的定位服务也基本内置的是 GPS 芯片。2014 年以来，北斗系统关键设备全面进入消费电子领域，预示北斗系统希望通过民用市场找到突围路径。

同时，国内大众消费终端使用的导航芯片仍被具有技术实力雄厚、具有品牌和规模优势的国外厂商所垄断。特别是随着北斗 ICDN 公布以后，国外厂商完全可以开发基于北斗导航系统的芯片及模块，将直接导致北斗导航芯片领域的竞争日趋激烈。目前，高通公司已经率先推出能支持 GPS、GLONASS 和北斗三种系统的处理器，通过采用 28 纳米的制造工艺，不但成本低廉，而且能耗和散热性能也十分突出，并开始在三星、HTC E 等手机上进行安装使用。北斗导航产业要实现规模化，在大众消费领域取得市场优势，仍需突破芯片国产化这一关键技术瓶颈。

第十章　北斗应用终端

北斗导航系统是由空间卫星、地面控制站和终端设备三部分组成。终端设备指的是接收机，它是所有应用的基础。因此，接收机的功能、性能的完善和强大对产业的发展具有重大意义。

第一节　北斗终端市场有近2—3倍增长

2014年6月，国家发改委和财政部组织实施《2014—2016年北斗导航产业重大应用示范发展专项》（以下简称《专项》）。《专项》内容指出，将北斗导航产业重大应用示范发展专项的实施目标为逐步建立以应用为导向、用户为龙头、企业为主体的北斗导航产业发展模式，并到2016年北斗应用终端总量超过3000万台套，实现从百万量级到千万量级的突破，重要领域智能化应用水平显著提升，自主发展能力显著增强。其中，2014年重大应用示范发展专项已于2014年6月启动。

重大应用示范专项制定的目的主要是为了引导和鼓励中央、地方和企业形成政策与资源合力，以行业和地区应用政策为依托，将北斗系统建设发展融入国民经济重要行业和重点地区，成为行业和地区创新驱动发展、实现转型升级的重要支撑。同时，通过专项的实施，进一步激发市场主体积极性，按照市场化发展规律，着力推动北斗系统产业化、规模化、商业化应用取得重大突破。

本次专项将重点支持位置服务基础平台、行业示范应用和城市综合应用示范。其中主要有几个方面的重点。一是将支持北斗室内外位置服务基础平台建设，从而形成覆盖多个城市的北斗导航地面系统服务能力，夯实产业发展基础；二是将推进北斗导航在北斗授时、消费电子、建筑安全检测、海洋开发利用等8个行业示范应用；三是将推进北斗导航与区域经济社会发展紧密结合，支持有关省市结合本地发展需要，开展在智能公共交通、地下管网安全、物流配送等8个领域的城市综合应用示范。

未来，国家发改委将会同其他有关部门共同推进《国家卫星导航产业中长期发展规划》重大任务的落实。将推进国家层面建立有利于完善北斗导航产业发展的体制机制；将推动有关部门从创新发展、应用推广、市场监管、位置安全、国际化等多个方面加快产业政策的制定；将推动北斗导航在国内的规模化应用，同时聚焦重点行业深度应用、区域行业的综合应用以及大众市场的规模化应用，进而带动北斗导航产业全产业链协同发展；将制定推动北斗国际化应用发展战略，与相关国家和地区合作建设地基增强系统，开展应用示范。

2014年北斗军用和民用市场规模同比2013年都有数倍的高速增长。据赛迪智库分析，2013年北斗导航终端的社会保有量超过130万台，按照《专项》中2016年北斗导航应用总量超过3000万台套的目标来计算，与2013年相比，2014年北斗导航终端社会保有量会有2—3倍左右的增长，到2016年北斗终端将实现近20倍左右的增长。

第二节　车载导航终端市场空间广阔

前装车载导航设备是在汽车出厂前由汽车制造商安装的导航设备。由于汽车制造商在设计前装导航设备时，往往与汽车本身相结合，这样，导航设备不但能够具备基本的导航功能，还可以作为车上设备的控制和信息中心，将导航系统与车体系统完整地统一起来，可以迅速可靠地侦测到周围车辆的警示信号、碰撞、非法启动等危险情况，并对汽车采取自动向呼叫中心告警，提供车辆位置、车主身份信息等措施，同时打开车门自动锁方便救援，使得汽车本身的准确性、可靠性和安全性得到大幅度提高。

虽然后装车载导航设备的外形与前装导航设备类似，而且价格便宜，但是这类设备无法与车辆自身深度融合，难以提供及时的车况信息，在准确性和全面性上具有较大缺陷。同时，后装导航设备所提供的功能基本都可以通过智能手机的导航功能得到实现，未来将临着与智能手机的激烈竞争。根据 iSuppli 公司的数据显示，预计到 2016 年，全球车载导航设备出货量将达到 8440 万台。其中，前装车载导航设备将达到 6840 万台，而且前装车载导航设备将在市场中占据大多数份额。

从国外的情况来看，2010 年，北美地区前装车载导航设备量为 520 万台，渗透率为 27%，到 2013 年出货量达到 700 万台，渗透率稳步提高到 34%。与此相比，在 2012 年，我国前装车载导航设备渗透率只有不到 10%，可以看出，未来前装车载导航设备的成长空间巨大，将为北斗导航产业的规模化发展提供广阔的市场空间。

目前，北斗相关研发制造公司正在与江淮、奇瑞、吉利等国产自主品牌汽车公司围绕配装北斗系统的相关事宜展开谈判。中汽协信息服务系统委员会的正式成立，也将推进车载导航设备相关标准法规和检测认证体系的建设，构建服务平台，为北斗导航产业创新发展提供支撑。自主品牌车型将是未来北斗系统的主要配套目标。从 2013 年 8 月开始，航盛电子将为某国内知名的汽车企业提供 10 万台汽车前装北斗导航终端。由此可见，车载导航终端渐成为市场的主流。

第十一章　北斗系统集成及运营服务

北斗系统集成及运营服务是指通过提供卫星定位系统平台作为与北斗地面段和空间段的接口，有针对性地集成各种软硬件平台，服务于终端用户并收取服务费形成收入的模式。随着北斗卫星导航系统的不断发展和完善，应用广度和深度也在逐步发展，开始逐步向运营服务方向迈进，运营服务将是未来北斗卫星导航市场的重点，专注于该领域的企业成长空间广阔。

第一节　平台运营市场已在各行业逐步启动

在交通运输领域，车辆远程管理可以通过卫星对车辆车况、维修状况、行驶路线及时间、驾驶员等信息实时监控。从目前运营平台市场情况来看，交通部"重点运输过程监控管理服务示范系统工程"之一的"湖南省重点运输过程监控管理服务示范系统工程"北斗卫星定位系统监控平台建设及运营服务，共采购北斗车载终端1万台，每台终端的中标价格分别为1700和2100元不等，同时每台终端补贴700元，每台终端按月收取服务费38元。同时，"珠三角卫星导航应用示范系统工程"之一的"广州市公务用车使用管理信息系统"租用车载导航终端1万台，每台终端每年收取终端租赁费1496元和服务费480元。

作为北斗应用重要领域的海洋渔业领域，截至2012年底，北斗终端总量已达到近3万台。每台北斗终端的采购价格为1万元，其中，政府补贴8000元，渔民自己负担2000元，每条短信收取0.3元。

在防灾减灾领域，通过北斗系统的导航定位、短报文通信等功能，不但可以实现灾害预警速报、救灾指挥调度、快速应急通信，还可以最大程度地提高灾害应急救援反应速度和决策能力。中国地质调查局安全生产管理保障系统通过国星通信、星地恒通、北斗星通等公司采购北斗个人、车载和指挥终端设备，由振芯科技公司负责北斗运营项目，每台终端每年收取225元服务费。

目前，我国有近3000多家导航运营服务商，但是市场分布十分分散，不利于行业的长远发展。未来，市场将利用国家和地方、企业政策推动北斗运营平台发展的机遇，加速行业整合，将分散的平台运营商统一为大的平台运营商整合，增加市场集中度。

第二节　运营服务在北斗产业中占比仍然偏小

在全球卫星导航产业中，运营服务的占比最大，而且是增长最快的部分，平均水平能达到60%左右。在成熟国家，运营服务可以占到其导航产业的70%以上，而在我国北斗产业中，运营服务占比仅为17%，远远达不到国际平均水平。

2014年7月7日，据相关媒体报道，阿里巴巴近期与中国兵器工业集团签订协议，合资成立北斗运营服务公司，注册资金在10亿左右。与此同时，在5月初举行的卫星导航学术年会上，中国卫星导航管理办公室的研究员就表示过，将鼓励阿里巴巴、腾讯、百度、华为等信息服务业巨头，准确把握北斗导航产业作为信息产业的属性，引入到互联网思维中。

目前，想在我国国内从事基于北斗导航系统的运营服务，必须经过严格的审批程序，在取得"北斗系统运营服务许可证"后，方可开展业务，而往往只有具有较强实力的企业才有机会取得许可证，无形之中形成了较高的企业资质壁垒。同时，北斗导航芯片和终端仍处在推广阶段，而GPS已长期占据国内外市场，相关的各类服务也比较成熟，就大众消费者来说，没有非要替代GPS动力，这些都在一定程度阻碍了运营服务在北斗产业中占比的提升。

第三节　高精度应用在国内市场渗透率仍然偏低

高精度指定位精度高，在定位平面和高程方面达到厘米级，是测绘等应用的关键指标。高动态指能够实时地更新位置信息，是导航等应用的关键指标。在满足高精度的前提下做到高动态，技术难度较大，是军用、飞行、高铁等应用的关键指标。一般而言，高精度是行业应用的杀手锏，高动态是军用武器应用和某些特种行业应用的杀手锏，目前国内针对北斗的各种评测，主要以高精度和高动态为考量指标。高精度一般用位置定位的水平和垂直精度为指标，比如是否能达到静态定位厘米级别精度。高动态一般用动态情况下的定位精度、初始化时间、定位测速更新频率等。

随着北斗相关公司越来越多，北斗产业的深入发展，市场对北斗产品的性能要求也在提高。高精度在其他行业如精准农业、无人机、智能交通等领域广泛应用。随着高精度技术在导航领域应用的成熟发展和应用，高精度测量型产品将替代传统测量仪器成为市场主流。目前，驾考、航空、精准农业、高铁、地理测绘等领域对高精度需求明确。随着高精度产品的价格下探，部分行业将出现应用需求。比如，去年出现的驾考应用，就是驾照考试市场出现的新需求。而这种需求往往不在传统观点的预期中。未来部分行业可能会随着高精度产品的高性能低价格，而诞生应用需求。换句话说，高精度行业应用广泛，甚至可以催生新市场，而市场规模反过来使高精度产品受益。

2010—2016 年间，在全球卫星导航市场中，高精度市场占整个应用市场的15%，而在高精度市场中，测绘地理信息仅占高精度应用的 10% 左右。同时，国内测绘领域总规模将随着经济规模的增长、基础设施的建设、城市化进程的推进，还将继续保持增长势头，而高精度测量型产品的市场规模也将继续保持较好增长，2014 年，中国高精度测量型产品市场规模约 31 亿。与此相对应的是，我国高精度应用市场在整个卫星导航产业中占比仅为不到 5%，且在地理信息和测绘占有50% 的份额。同时，高精度应用在行业应用中还处在起步阶段，有些领域仍然空白。我国高精度应用市场不管是从产业占比还是从行业应用结构来看，都与国外成熟市场存在较为明显的差距。

行业应用篇

第十二章　国防领域

第一节　北斗导航在国防中的作用

"北斗"卫星导航定位系统能够提供与 GPS 类似的军事功能，如：为相关武器装备的定位与导航；快速定位相关指挥和战斗人员、武器装备，从而缩短反应时间等。从这个层面上来讲，"北斗"卫星导航系统可为军用提供导航位置服务、授时服务，并利用"北斗"卫星导航系统卫星通信的功能来相互传达指示、命令、搜集各部队的基础地理位置信息为指挥部提供有效的战场管理数据。北斗在国防上的应用，能够在极大地提升作战效能的同时降低作战费用，大大提高国防能力和减少国防经济的负担。北斗卫星导航系统将帮助中国军事现代化实现大跨越，军队战斗力成倍提升。一些与军队相关的信息化装备，如果过度依赖美国 GPS 系统，一旦系统无法使用或被停止使用，甚至在信号中加入干扰，都会让使用国在军事上陷入极大的被动。目前，北斗性能上已经逐渐与 GPS 相当，北斗代替 GPS，不仅会为我国国防建设提供精准服务，也会更好地保障我国国防的信息安全。

第二节　北斗导航在国防领域的应用现状

根据公开资料显示，中国陆军目前拥有兵力 85 万，坦克 8000 辆，各类装甲车辆 15000 余辆；空军兵力 40 万人，共 3800 多架各类飞机；海军兵力 24 万人，舰艇 1230 艘。二炮部队兵力 13 万人，各类导弹约 1600 枚。

赛迪智库综合以上各方面信息，可以推测北斗军用市场规模如下：

表 12-1　北斗系统在军事应用主要领域规模一览表

	数量	配比	单价（万元）	总额（亿元）
单兵	163万	30%	1.8	97.8
坦克	8000辆	100%	4	3.2
装甲车	15000辆	100%	3.5	5.3
战斗机	3800架	100%	40	15.2
舰艇	1230只	100%	40	4.9
弹道和巡航导弹	1600枚	100%	6	0.9
总计				127.3

数据来源：赛迪智库整理，2015 年 4 月。

第三节　北斗导航在国防领域的应用前景

从北斗前几年经验看，2001 年北斗一代布网完成，2003 年开始军队订单爆发，北斗二代 2012 年底布网完成，2014 年开始军队订单进入爆发期。

由于北斗一代时，北斗更像试验系统，军队更多地是试用，确认北斗网络的性能以及北斗终端的功能是否符合军队要求，同时对北斗网络和终端提出改进意见。因此，赛迪智库认为，随着北斗二代真正开始启用，军队一方面要更换北斗一代的设备，另一方面目前军队应该开始北斗二代的中小范围装备，并在长期逐渐扩展到全军装备。基于此，赛迪智库认为，北斗二代的装备量会大幅超过北斗一代。而 2014 年，很可能是北斗二代订单开始爆发的时点。

第十三章　海洋渔业

第一节　北斗导航在海洋渔业中的作用

北斗导航系统在海洋渔业中可为海上渔业生产作业的人员提供包括自主导航定位、遇险紧急报警求救、船岸短报文互通等在内的多种不同服务，同时可以为各级海洋渔业管理部门、渔业公司提供出海渔船的船位监控、遇险救助联络、渔业资源环境保护等服务，也可以为岸上的相关用户提供获得出海人员位置服务，并能够通过短信息进行交流。

一、提高海洋渔业的安全度及应急能力

北斗导航系统的应用在很大程度上保障了出海渔船的安全，直接推动了海洋渔业的发展。比如渔船赴南沙生产作业，农业部南海区渔政局通过"南沙渔船船位监控指挥管理系统"，可以随时随地获知出海渔船方位位置，很大程度上方便了相关部门对海洋渔业生产的管理管控。如果渔民在海上遇到危险，随时可以通过渔船上的卫星导航系统向监控指挥中心发送遇险信号，监控中心收到遇险信号之后，可以根据卫星定位联络距离遇险渔船最近的船只组织搜救，大大降低了渔民出海的风险。

二、维护国家海洋权益，促进经济发展

我国海洋渔政部门负责管理南沙、北部湾、中朝、中韩、中日交界等海域作业渔船工作，负有着维护我国海洋权益的重大责任。随着海洋作业的深入展开，涉外事件也越来越多，与周边国家渔业纠纷和冲突也日益凸显，维护国家海洋权益和国家主权的形势越来越严峻。我国相关部门可以通过北斗导航系统，了解海

上信息，调动指挥渔船撤离敏感海域、协助搜救和斗争。

三、推动北斗导航产业化规模化发展进程

海洋渔业是卫星导航产业发展的主要行业之一，海洋渔业北斗终端用户数目占北斗民用终端用户数的 50% 以上，海洋渔业行业大规模地使用北斗终端用户，可以有效带动北斗导航产业核心芯片、终端设备、系统集成及运用服务等产业链各环节的发展。

第二节　北斗导航在海洋渔业领域的应用现状

海洋运输和水运是世界上最为广泛的运输方式之一，也是卫星导航应用最早的重要领域。目前世界上各海域航行的船舶绝大多数都安装了卫星导航终端设备，极大地提高了海洋和河运的效率和安全性。目前，北斗卫星导航系统已经为我国为水上航行船舶提供了全天候的导航定位、监视跟踪、传输报警信息等服务。而且，北斗卫星导航系统独有的短报文通信服务功能为船舶安全运输提供了又一层保障。

近几年来，北斗卫星导航系统对海洋渔业产生了积极影响。尤其是现在应对海上复杂恶劣天气环境的情况下，北斗卫星导航系统通过位置信息服务中心，在渔船遭遇天气、海况、火灾等突发紧急情况时，可以及时获取相关船只的位置信息，开展组织救援。目前，我国海洋渔业近海共 20 万艘船，主要是由中国电信和中国联通为其提供运营服务。远海船舶共 5 万—6 万艘，其中在东海、南海作业的渔船基本都已经安装了北斗导航终端，特别是在东海海域的渔船，北斗导航终端安装数量可达 8000 多台。这些北斗导航终端服务通过具有北斗运营牌照的公司运营，可以向渔业管理等部门提供船位监控、紧急救援、政策发布、渔船出入港管理服务，也可以向海上渔船提供包括导航定位、求救、航海通告、天气、渔市行情等在内的服务。船船之间、船岸之间的短报文服务，提高了海洋渔业安全生产保障水平。

目前，海洋渔业运营服务收费主要包括终端机费用和运营费两大部分。平均每部终端费用 1 万元左右，其中 60%—80% 由政府财政补贴，运营费每户每年700—800 元，需要用户自行支付。政府通过油量补贴等手段强制渔民使用北斗

终端。目前，北斗星通公司占据中远海渔业运营服务的主要市场。

按照20万艘船舶的规模计算，每台终端1万元人民币，我国海洋渔业市场规模近20亿人民币。根据北斗主管部门的统计数据显示，目前，北斗海洋渔业综合信息服务的海上用户量已达4万，开通北斗终端与手机短报文互通服务的手机用户超过7万，短信量月最高峰值可达70多万条。

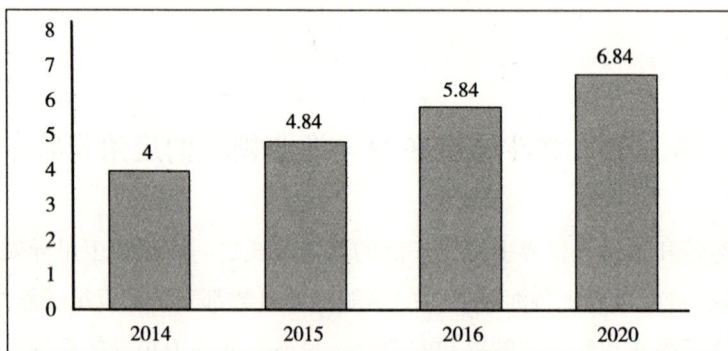

图13-1 2014—2020北斗导航海洋渔业领域市场规模预测（单位：亿元）

数据来源：赛迪智库整理，2015年5月。

第三节 北斗导航在海洋渔业领域的应用前景

北斗卫星导航系统在海洋渔业领域中的应用，把海洋渔业信息与岸上信息联系起来，加强了海上与地面的沟通，有效地整合了海洋渔业各方面信息资源，提高了海洋渔业安全生产的能力和信息化水平，是海洋渔业发展的又一次历史跳跃，将会促进海洋经济健康快速发展。

尽管北斗卫星导航系统的市场应用时间并没有多久，但我国海洋渔业对卫星导航系统的需求已日益凸显。站在海洋渔业发展的视角来看，北斗卫星导航系统在海洋渔业上的应用发展前景十分广阔。2014年，中国兵器集团下属的北方信息控制集团有限公司推出了适合渔业领域使用的一系列新的应用系统。这一系统分别由船载北斗导航通信系统、"动中通"卫星通信系统、综合通信指挥调度系统组合而成，一方面可以连续转发信息，另一方面能够向海上生产作业单位及其有关单位提供多种样式通信网络间的船与岸、船与船间的报文互通服务。同时，中国兵器集团还推出了"北斗气象探空应用系统"。这一系统是基于北斗卫星导航系统改进而来，搭配了北斗气象通信终端，目前广泛应用在气象监测以及气象信息的预报、发布当中，能够提供包括大气风向、大气风速、大气中水汽的含量、海风海浪、雷电观测以及预警等功能在内的服务。

北斗卫星导航系统的应用不但可以改造传统产业，还可以减少海事争端，维护中国的海洋权益。如中国兵器集团研发的"边海防监控系统"，该系统集指挥控制、防控、通信与调度、保障为一体，通过北斗定位设备、固定监控站系统、移动监控系统、空中监控系统、周界报警系统等监控手段组成了立体的防范系统。这套系统不但可以监视、跟踪和纪录非法越境目标，同时，船上工作人员可以在意外情况发生时，把有关的图像、位置和报警信息传输给有关部门。该系统的最大不同之处在于它能够和多层级的互联网中心联合，完成由下至上的情报传输、任务生成、任务分析、预案生成等功能，还可以依据这些功能完成领导决策，并根据实时动态进行从上到下的指令传达和力量部署。

第十四章　交通运输

第一节　北斗导航在交通运输中的作用

交通运输行业涉及范围广阔，包含公路运输、远洋运输、内河航运、交通物流、应急救援多个领域，具有涉及点、关联面广的特点，卫星导航系统的应用可以对交通运输行业起到十分关键的作用。据统计，目前，在卫星导航系统用户中，90%以上集中在交通运输领域，可以说，卫星导航系统最大的行业用户就是交通运输行业，交通运输领域是北斗卫星导航系统应用最广泛的行业。

一、提高管理部门执法效率和质量

目前交通部门还没有更好的方法防止黑车、套牌车、报废车上路的现象，只能通过采用沿路设卡、定点拦车、开展逐车检查的传统方式来治理这种违法行为。不但费时费力，而且很难取得明显的成效。如果为各种车辆安装上北斗导航系统之后，交通管理部门就可以依靠北斗管理系统对车辆进行监控，有效甄别出问题车辆，提高工作效率。利用北斗卫星导航车辆管理系统，可以记录车辆年检、保险等信息，对于过期的车辆可以在系统中进行自动标注，交管部门可以及时发展并管制这类车辆。

二、提供行业导航服务和安全保护

利用北斗系统结合电子地图能够适时显示车辆的所在位置，可以对重要车辆和货物进行动态跟踪，对货运长途车辆、危险品运输车辆等重要目标进行跟踪监控。利用北斗导航系统的位置信息，通过分析可以对道路上超速行驶、逆行等危险驾驶行为进行记录，便于事后和及时处理。交通设施信息是智能交通管理数据的重要组成部分之一，是智能交通管理的重要依据。例如交通中的红绿灯控制信息、步行街等讯号信息，适时的交通路况、车道数量、限速标准等设施设备信息在现实中也时时发生变化，及时了解掌握这些信息对于交管部门管理交通、出行人员规划出行路线等很有必要。此外，不同路段的路况信息均可通过北斗导航系统传输到信息服务器，经过分析处理后公开发布。对于重要、紧急的交通管制等信息可以通过北斗导航通信系统传输，保障信息传输在各种情况下都持续不断。在交通基础设施的建设和养护工作中，一些交通设施包括桥梁、隧道、边坡等，也都需要卫星导航提供高精度的应用，这些应用在保障设施建设和养护科学、精确的同时大大节省了相关费用。

第二节　北斗导航在交通运输领域的应用现状

目前，在美国 GPS 全球发展的优势下，我国交通运输行业的卫星导航设备及运营服务的绝大部分市场依然被 GPS 占据。未来，伴随着北斗卫星导航系统逐步发展，对于卫星导航技术的应用将逐步从美国 GPS 转向我国的北斗导航系统，进而最终摆脱对 GPS 的依赖。交通运输部已经通过一系列的政策引导和产业扶持，培育我国北斗产业市场，并针对交通运输行业的特殊需求，组织实施北斗导航系统在交通运输行业道路运输、民用航空、交通物流、应急搜救、内河航运、海上运输、公众出行等诸多领域的示范应用，发挥行业优势，在北斗系统应用初期积极推动北斗应用的产业化、规模化发展。同时，还积极制定技术标准、研究发展策略、评估北斗性能等工作。

目前，国家一直在加快特种车辆安装北斗车载终端的进程。2010 年末，交通部启动了特种车辆配装北斗导航终端项目，初步计划安装约 9 万辆。2011 年，交通部启动采购 74 万艘船载终端。未来除特种车辆外，公交系统、出租车、航运等卫星导航市场在交通运输市场的需求将会十分庞大。同时，北斗 /GPS 的导航和兼容定位产品的推广，有望实现兼顾应用效果和安全的目标。

2013 年，交通运输部要求 9 个省市 80% 以上的大客车、旅游包车和危险品运输车辆，均需在 3 月底前安装北斗卫星导航系统车载终端。截至 2013 年底，已经有近 15 万辆车辆完成安装。2015 年前，江苏、安徽、河北、陕西、山东、湖南、宁夏、贵州、天津 9 个示范省份共建设 7 个应用系统和 1 套支撑平台，安装北斗终端 8 万台。

除了公共交通之外，北斗也广泛地应用在了公务车辆上。仅在 2012 年初，广州就已经有 8000 多辆公务用车安装了北斗卫星电子监控系统，公车行驶里程较以往减少 20% 以上。在未来的几年，公务车安装北斗将在更大范围内得以实现。

第三节　北斗导航在交通运输领域的应用前景

未来，北斗导航系统在智能交通、道路信息管理、道路堵塞治理、车辆监控和车辆自主导航等多个方面具有广泛的应用前景。

2014 年 1 月 28 日，交通运输部、公安部、国家安全与监督管理总局（简称国家安监总局）联合下发《道路运输车辆动态监督管理办法》，要求全国运营车辆安装卫星定位装置，并接入监控平台。该《办法》已于 2014 年 7 月 1 日起实施。对办法实施之前就已经进入运输市场的重型载货汽车和半挂牵引车，要求其于 2015 年 12 月 31 日前全部安装、使用卫星定位装置，并接入道路货运车辆公共平台。

同时，《办法》规定要求，对于旅游客车、包车客车、三类以上班线客车、危险货物运输车辆、重型载货汽车和半挂牵引车在出厂前要预装符合标准的卫星定位装置。道路旅客运输企业和道路危险货物运输企业监控平台应当接入全国重点营运车辆联网联控系统，重型载货汽车和半挂牵引车要接入全国道路货运车辆公共监管与服务平台。对于没有按照要求安装卫星定位装置、或者安装却未能有效接入监控平台等其他违反本办法的行为，道路运输管理机构将按照《办法》规定不予发放或审验《道路运输证》。据此可以看出，将来不管是大中小型企业的有关车辆，还是个人运营的相关车辆，都将会纳入全国动态监控中。

《办法》要求多种车辆在出厂前预装卫星定位装置，并接入监控平台作为车辆运营，虽然《办法》没有明确要求卫星定位装置必须是北斗终端，但出于全国重点营运车辆联网联控系统、全国道路货运车辆公共监管与服务平台建设的国家战略性和安全性考虑，北斗仍然是首要选择，可以预见这将是北斗导航终端进一步拓宽车载领域应用的一次机会。

据中国汽车工业协会统计，2013 年全国汽车产销量分别为 2200 万辆和 2100 万辆，同比增长 15% 和 14%。其中，乘用车辆产销分别为 1808 万辆和 1792 万辆，同比增长 16.5% 和 15.7%。商用车量产销分别完成 403.16 万辆和 405.52 万辆，比 2012 年分别增长 7.6% 和 6.4%。商用车行业在 2010 年达到历史最高点后，2011 年和 2012 年连续两年下降，2013 年恢复增长态势。

商用车通常分为货车和客车。货车分为轻型货车和中重型货车。客车分为轻型客车和大中型客车。商用车基本符合《办法》规定的汽车种类。

按照商用车年产 400 万辆计算，保守假设其中 75% 符合《办法》规定，按 300 万台终端计算，每台 1 万元，每年至少有 300 亿人民币的市场。

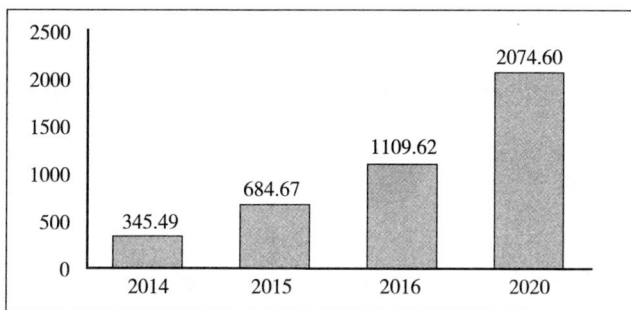

图14-1　2014—2020北斗导航在交通领域市场规模预测（单位：亿元）

数据来源：赛迪智库整理，2015 年 4 月。

除了汽车，北斗导航系统应用对火车行使安全所起到的作用也显得越来越重要。虽然我国铁路信号系统已经建立了完备的安全机制，但在出现极端恶劣天气情况时，依然存在因设备故障而导致发生事故的安全隐患，特别值得注意的是，我国的铁路行车指挥系统还没有独立于轨道电路等传统信号系统的第二种安全指挥方式。

2014 年，中国兵器集团推出了"北斗列车预警辅助系统"。这套系统建立了独立的辅助行车预警系统，可以应用卫星差分修正技术用来监测前后方车辆，并将行驶监测运行的责任分担给各个列车司机共同完成，列车司机可以收到实时运行的电子地图，让司机可以观察到前后左右车辆的行驶状况和位置，改变了从前由调度命令指挥的单一的列车信息来去方式，最大程度地降低列车之间相撞、追尾的可能性，提高铁路列车行车和旅客乘用的安全程度。可以预见，随着道路交通和轨道交通上北斗导航系统的广泛应用，北斗在交通运输领域的应用范围将越来越广。

第十五章　电力、通信、金融

第一节　北斗导航在电力、通信、金融中的作用

目前，卫星导航系统已经广泛在电力、通信、金融等领域得到应用。

电力系统的安全运行的基本保障就是大范围内的高精度时间同步。卫星导航系统的高精度授时服务具有全球覆盖、全天候、高精度的特点，是目前为止电力系统最为理想的时间同步方式。利用卫星导航系统进行时间同步，不但能够实现整个电网系统内的高精度时间同步，还能够提供同步相位测量、运行稳定性判断、路线站点故障定位、高可靠性的电流纵差保护、继电保护等功能，进而增加整个电力系统运行的稳定性、可靠性和安全性。

卫星导航系统提供的高精度授时服务是信息时代下，网络通信获取精准"时间"与进行高精度"时间同步"的重要途径与方式，是保障通信安全的重要基础。目前，我国已经成为世界上的通信大国，光手机用户就有 10 亿以上。而与通信业务息息相关的安全、认证和计费等全部是以"时间"为基础，都需要依靠精准的"时间"和"时间同步"。因此，卫星导航系统对维护现代通信网络安全起着至关重要的作用。

与此同时，网络也是现代金融业重要的基础平台，基于网络的服务已经成为眼下银行和证券服务最为重要的方式之一。可以说，要是没有现代的网络空间环境，就没有现代的金融服务体系。在互联网信息环境下，金融服务体系中最为关键的是时间同步，利用全球卫星导航系统提供精确授时服务能够为现代金融体系提供同步段的网络时间，从而保障现代金融系统安全运行。

第二节　北斗导航在电力、通信、金融领域的应用现状

卫星导航系统定位精度的一个重要方面就是时间精度，卫星导航系统的授时功能对国民经济的发展具有重要作用。所以，导航卫星一般都装有时间精度非常高的原子钟，每300万年—2000万年可以只相差1秒。我国北斗卫星上也安装有我国自行研制生产的原子钟，不但稳定程度极高，而且每天的变化只有十亿分之一秒，目前，已经广泛用于金融、电力、通信、邮电、铁路等领域内的时间同步，可以提供精准的时间授入和精准的频率授入服务。无论是从国家安全性还是可靠性来看，在国家关键经济领域部门使用我国自主的"北斗"授时更为安全。

过去，我国电力系统为了能够把内部时钟统一，把美国的GPS作为主要乃至唯一的授时手段，通过GPS发出的民用信号向系统内的电力自动化设备、安全自动保护设备、微机监控系统、故障及事件记录等智能设备提供授时信号，从而实现各系统内部的"同步"运行。未来，随着"北斗电力全网时间同步管理系统"的投入使用，告别了我国电力运行时间完全依赖国外的历史。该套系统的单向授时精度为100纳秒，双向授时达到20纳秒，各项指标均优于或等同于国外同类系统，不但解决了电力系统时间同步应用中的可靠时钟源、全网时间同步管理、远程集中实时监测维护几大难题，为我国电力安全和国家安全提供了有效保障。

精确授时在通信领域也是其中最重要的需求。早在2010年1月，GPS升级造成的中国电信CDMA网络大范围告警已经敲响了警钟。当时，中国移动江苏省分公司已经成功在TD基站上采用了北斗/GPS作为双备份时钟源。

在金融领域，政府和金融企业可以将北斗授时的原子钟嵌入到金融交易系统的主机与各地分机，如此可以切实保证各个地方适时接收到各类金融讯息，彻底避免网络黑客和其他网络攻击的蓄意破坏，可以有效地遏制金融破坏行为和危害国家经济安全的行为发生。

第三节　北斗导航在电力、通信、金融领域的应用前景

目前，我国总基站突破166万个，未来随着4G的大规模部署，基站数将在

短时间内激增（增量超过 100 万台）。按照 200 万台基站计算，每个模块 3000 元人民币，市场规模共计 60 亿人民币。

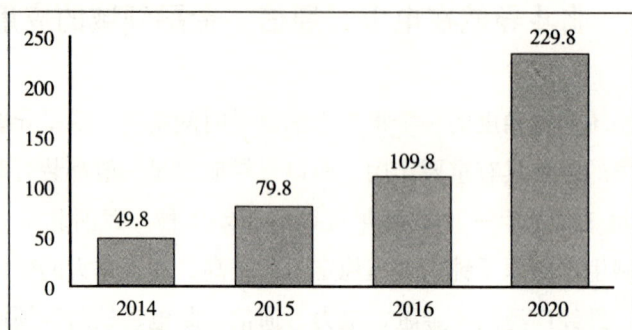

图15-1　2014—2020北斗导航在通信领域市场规模预测（单位：亿元）

数据来源：赛迪智库整理,2015 年 4 月。

与此同时，随着智能电网建设工程的深入推进和金融网络的改造升级，在国产替代的带动之下，北斗导航在电力和金融领域的应用也将更加广阔。

第十六章　防灾减灾

第一节　北斗导航在防灾减灾中的作用

天基技术在防灾减灾方面的应用，主要是遥感、导航和地理信息技术。北斗作为中国自主研制的卫星导航系统，在防灾减灾上除了发挥导航作用外，更重要的是北斗的短报文功能，能让灾害信息在最短时间内进行回传、处理与发布，从而对"黄金 72 小时"的救援起到至关重要的作用。地基系统作为天基的补充，能通过在灾害多发区域建设北斗地基增强基站，建立灾害监测网，使得灾害预测、灾害信息处理更加迅速与及时。在防灾减灾行业中，通过北斗系统中的导航定位、双向通信以及地理位置报告等服务功能，进而实现灾害预警速报、快速应急通信、救灾指挥调度，最大程度地提高灾害应急救援的反应速度和决策能力。

第二节　北斗导航在防灾减灾中的应用现状

北斗卫星导航系统在紧急救援中可以通过其提供的导航定位、短报文通信以及位置指示等功能，能够实现全国范围内的实时灾情迅速上报共享、救灾调度指挥、应急通信等服务功能，可以最大程度实现灾害应急救援。回顾 2008 年南方冰冻灾害和汶川抗震救灾以及 2010 年的玉树抗震救灾和舟曲泥石流救灾，北斗卫星导航系统都发挥了极为重要的作用。在汶川地震中，由于震区通信联络中断，中国卫星定位应用管理中心为救援部队配备了 1000 多台北斗终端用户机。通过北斗的短报文功能，救援部队和指挥部保持着顺畅的联系。同时，各重灾乡镇以至于各村社都通过北斗建立了通信联系，前方的救援部队实现了实时的短报文通信，后方的指挥部可以实施适时指挥。通过灾情信息的即使上报和指挥命令准确下达，救灾前后方之间形成了有效的信息沟通机制，保证了整个救灾过程的调度指挥，在搜救、决策、医疗等工作中发挥了十分重要的作用，成为抢险救灾过程中最有力的保障手段。

在气象数据预测预报方面，我国近些年在很多地区都建立了自动气象站，但是其中有些自动气象站位于通用分组无线业务/码分多址等网络通信的盲区或通信信号不稳定的地区，难以保证数据传输的稳定性，甚至造成部分数据的丢失。由于北斗可以提供全天候、全天时和大范围的实时短报文通信功能，上下行频率采用 S、L 频段，不仅能够有效地避免地面各种噪声的影响，而且可以轻易穿透对流层、平流层、电离层等外层空间，穿透后信号衰减较小，再加上采用扩频调制和卷积编码，进一步保证了数据的可靠传输，利用北斗系统可以有效弥补现有通信网络的不足。同时，北斗终端机体积小，安装灵活，天线的架设调节也极为简单，不需要天线地基也不存在雷击等威胁。另外，北斗终端的整机功耗低，可以使用电池组和太阳电池供电且系统不需建设中继站，大大节省了系统的维护费用。不难看出，将北斗引入到自动气象站可以增强自动气象站的适应性。

在煤矿开采等矿物作业中，我国将北斗技术与井下监测技术相结合，可以对井下瓦斯浓度、风机转停等关键参数指标进行实时监测。数据流可以通过矿井口的监测站（PC 机 +"北斗"用户机），依托北斗卫星导航系统数据链路传输到北斗卫星运营服务平台，经由平台转发，以有线或无线网络的方式传到各级监测中心最终实现对矿井瓦斯、风压和关键设备工作状态等主要数据的远程监测，为我国的井下安全生产提供了一种新的有效监测监控手段。

在森林防火方面，中国兵器集团研制推出了北斗森林防火指挥车、森林监控与扑火系统等指挥平台系统。其中的北斗森林防火指挥车能够对人、物、车等进行精确的定位与实时的跟踪，通过卫星网络、公网、无线自组网等并联互通，加以北斗短报文功能，运用多种通信，搭建从指挥中心到移动指挥分中心和前线人员之间的全天候无缝隙通信网络，实现全方位的指挥调度与监控。森林监控与扑火系统则融合了北斗卫星导航技术、地理信息技术、通讯、林火自动识别技术等高新技术，不但可以具有信息通讯服务、维护地理信息、值班管理、林火预警、火点定位、分析林火蔓延等功能，还能够记录队伍行进的轨迹、对队伍进行调度并进行水源和最佳路线的分析，也可以在火灾发生之后进行灾情评估和记录追溯。

第三节　北斗导航在防灾减灾中的应用前景

出于对国家安全的考虑，民政部、国家减灾委规划投入上百亿元建设可容纳 50 万防灾减灾人员的"北斗减灾信息系统"。每个终端的估价为 2 万元人民币，总体规模在 100 亿元人民币左右。

正是由于北斗可实现全国范围的无缝覆盖，同时具有定位、授时、短报文等功能，因而为森林防火、救火指挥调度提供了全新的技术，可以有效地解决火场定位、侦察、引导扑救、后勤保障、损失评估等问题。目前，全国各地森林防火系统已经配备 200 多台套北斗终端用户机，武警森林指挥部及所辖总队共配备 500 多台套北斗用终端户机。基于北斗研制的"黑龙江大兴安岭森林防火信息系统"已取得了较为明显的经济效益和社会效益。

第十七章　精准农业

第一节　北斗导航在精准农业中的作用

精准农业是现如今世界农业发展的新趋势，是由信息技术支持的、根据空间变异定位、定时、定量地实施一整套现代化农事操作技术与管理的系统，其基本涵义是根据作物生长的土壤性状，调节对作物的投入。一方面查清土壤性状与生产力空间的变异，另一方面确定农作物的生产目标，进行定位的"系统诊断、优化配方、技术组装、科学管理"，调动土壤生产力，以最少的或最节省的投入达到同等收入或更高的收入，并改善环境，高效地利用各类农业资源，取得更好经济效益和环境效益。系统可用于农田面积和周边测量、引导田间变量信息定位采集、作物产量小区定位计量、变量作业农业机械实施定位处方施肥、播种、喷药、灌溉和提供农业机械田间导航信息等。在发达国家早已普遍运用在较大的农场和主要农作物生产中。[1]

目前，卫星导航技术现已广泛应用于农场规划、田间测图、土壤取样、拖拉机引导、作物田间检测、播种速度选择以及肥料、杀虫剂和产量检测系统中。卫星导航技术应用尚未使用的时候，农民为不同土地配置各种所需要的生产技术和预设作物产量几乎是不可能的。在卫星导航设备投入使用之后，不但能够提升农药、肥料、除草剂的使用精度，还能够更有效地控制农用化学物质的扩散，极大地降低了成本、扩大产量。比如，在10年前，国外一个4000英亩的农场需要配备8—9台拖拉机，而现在只需要3—4台，在种植和收获繁忙的季节，这些设备可以提供24小时不间断工作。卫星导航技术可以使不同地区、不同条件下的作

---

[1]　2012—2015年《北京市推进北斗导航与位置服务产业发展实施方案》。

物增产 3%—50%，这样，大大降低了现代农业生产的人力、资金和原材料成本，幅度在总成本的 1%—50% 之间不等。据估计，卫星导航技术带动的平均增产可以达到 10% 左右，而平均成本能够降低 15%。

精准农业应用市场前景广阔，北斗导航在精准农业中的主要应用有：农业资产管理、跟踪：涉及使用的实时信息，用于监视位置和农场设备状态。精度操作：对拖拉机进行操作指导，数字显示帮助驾驶者遵循预定的使用路径，尽量减少重叠 / 差距的风险。这是一个可供农民采用的全球卫星系统导航应用，通过自动转向的方式，实现对拖拉机等农用车的控制，主要用于大农场，使农用车辆沿着预定路径被自动转向。操作员可以监测整个过程。还包括了 VRT（可变速率技术），能充分利用当地条件进行精确控制（如肥料、养分）。

第二节　北斗导航在精准农业中的应用现状

我国在较早时期就成立了精细农作研究中心，研究和探索适合于我国的精细农作之路。精细农作的广泛使用将为我国实现可持续发展的"高产、高效、优质"农业生产提供新的有效路径，其中最为典型的是北京市在 2000 年启动的占地 2000 亩、为期 3 年的"精确农业示范工程"。但是，精准农业作为卫星导航高精度测量行业中的新兴应用市场，与测量测绘等行业相比较，农业中的卫星导航应用处于发展初期，即便在国外也没有形成规模化效应。在精密农业领域，GPS 系统和北斗系统都还没有广泛应用，这为推广北斗兼容型高精度测量终端应用提供了较好的时机和市场机会。

第三节　北斗导航在精准农业中的应用前景

国内的精准农业行业从 2013 年开始发展，仍主要由政府补贴的方式对行业进行支持。2013 年的《农业机械购置补贴实施指导意见》中，补贴目录内首次增加了"精准农业设备"大项，其中包括了"农业用北斗终端（含渔船用）"和"渔船用 AIS 船载终端"。

目前，农业用北斗终端设备的主要需求来自于大马力拖拉机的北斗终端安装，农机产品补贴额按不超过此档产品在本省域近三年的平均销售价格的 30%。国内现有中大型拖拉机超过 500 万辆，以 10% 有安装精准农业设备基础的比例来计算，农用高精度终端需求达五十万级，而现在农业机械安装比例仅为 0.1%。

从发展前景来看，我国已在东北和新疆地区农作物种植中试点精准农业。合众思壮利用卫星定位导航系统遥控指挥农机自动驾驶进行精准耕作，在黑龙江和新疆等地已经实现规模商用，积累销售数百套产品。以黑龙江省为例，全省有超过 2 万台超大型拖拉机和 50 万台大型拖拉机，市场空间巨大。农机项目建设周期为 2012 年至 2015 年，合众思壮共获国家补贴 1600 万元。大型拖拉机每台导航售价约为 11.7 万元，合众思壮计划在 2015 年完成 5000 台的销售量。国家补贴公司 10%，补贴农户 25%。以每台导航售价 10 万元计算，按照 30% 的覆盖率，黑龙江一个省约 150 亿市场空间。有理由相信，随着我国"北斗"卫星导航系统的建成，精细农业会迅速发展。

区域篇

第十八章　环渤海区域

第一节　整体发展态势

环渤海地区包括北京、天津、河北、辽宁和山东等省市，是我国重要的工业基地，同时也是我国国内重要的卫星导航芯片研发、终端设计和制造、地理信息数据基地。这一地区政策优势明显，环节齐备，配套能力强，是国内重要的卫星芯片研发、终端设计制造、地理信息数据采集加工基地。环渤海地区充分利用专业人才、研究单位和相关企业集中的优势，开始形成以引进技术设备、重大装备制造为主的产业格局。

在北斗导航产业布局方面，北京作为环渤海地区产业群中心城市，着力构造以重大装备制造、引进技术设备为主的卫星导航产业发展格局，由于各项产业基础坚实，北斗卫星导航方面发展迅速。北京拥有国内主要从事北斗卫星导航的航天领域人才、研究单位和企业，并因此形成了在全国范围内最为完善的北斗卫星导航产业链。在此基础上，北京市相继投资建设了卫星导航产业园、国家卫星导航产业技术创新孵化器和北京市导航产业示范基地。

环渤海地区的其他省市也积极布局，大力发展北斗卫星导航产业。以山东省青岛市为例，青岛市制定《卫星导航产业发展规划（2013—2020）》，提出将青岛打造为北斗卫星导航的示范应用城市，加快聚合北斗导航产业发展资源，建设北斗（青岛）导航位置服务数据中心等6个省级以上卫星导航与位置服务企业技术中心，打造覆盖环渤海区域位置服务基础数据和行业应用数据存储、交互、整合、分析的总中心。规划培育3家以上产值5亿—10亿元的核心骨干企业，5家以上产值过1亿元的重点企业，10家以上产值过2000万元的中小企业，力争到2020

年产值超过 100 亿元。

第二节　重点省市

一、北京

（一）形成聚集效应明显的产业发展格局

在北斗导航产业方面，北京市已经形成了以中关村国家自主创新示范区为核心，中关村科技城和国家北斗产业园、国家地理信息科技产业园（即"一城两园"）协同发展的产业格局，基本形成了北斗卫星设计制造、芯片制造、OEM 板卡设计制造、终端产品设计制造、电子地图数据采集、软件开发、系统集成和应用服务产业链。同时，北京市着力打造三大北斗导航产业基地，包括正在筹备中的国家北斗位置导航产业基地、正在建设中的北航国际航空航天创新园和已经入驻了百余家企业的顺义国家地理信息产业园。

北京拥有全国北斗行业最多的上市公司，北斗星通、华力创通、合众思壮、四维图新、超图软件等领军企业的上市公司总部。在最具竞争能力的北斗芯片制造方面，北京居于国内领先地位，是全国自主生产北斗芯片厂家的主要聚集区，汇聚了包括中科院微电子所、泰豪联星、华力创通、和芯星通等主要的北斗芯片厂商。此外，北京市在基础软件、基础数据、系统集成和运营服务等环节优势也十分明显，为提高整个环渤海地区北斗导航产业产值做出很大贡献。

（二）制定出台指导性强的引领政策

在北斗导航政策方面，北京市制定《北京市推进北斗导航与位置服务产业发展实施方案（2012—2015）》（京经信委发〔2012〕130 号），对北京市发展和推广北斗导航与位置服务行业做了顶层设计与长远规划。为了将北京打造为全国最具影响力的北斗导航产业聚集区，北京市围绕卫星导航与位置服务产业链主要环节，优先发展核心芯片和应用服务，在城市运行保障、智能交通、精准农业、现代物流、重要系统授时、环境资源管理等 6 大重点领域开展行业位置服务应用，在公众出行、旅游娱乐、智能搜救、灾害救援及重大活动等开展公众位置服务应用。

北京市致力于建成国际水平的导航与位置服务应用示范城市。据估算，2015年北京市卫星导航与位置服务产业将实现营收超 550 亿元，培育形成 50 亿级营收规模的企业，为2020年实现千亿元量级产业规模的目标打好基础。

（三）大力推广北斗示范工程

北京市积极布局北斗产业，开展北斗应用示范工程，集中建设一系列北斗导航试点示范项目，覆盖交通、应急抢险、地质灾害监测等各个领域。同时，向社会用户推广应用北斗系统，建立超过10万个北斗行业应用终端，并实施若干北斗导航与位置服务示范应用项目。迄今为止，北京已成为全国北斗示范应用最广泛、终端推广规模最大的城市之一。

2014年，北京市"北斗导航与位置服务产业公共平台"投入运行。该北斗公共平台由北京市政府、北斗导航相关企业共同投资3亿元建设，整合北斗导航与位置服务资源，着力提升北斗服务质量，全面推广北斗平台在民生领域的普及应用。北斗公共平台不单立足北京，同时服务全国，为智慧型城市发展提供政务管理、行业应用和多项民生服务。

二、天津

（一）先进北斗应用项目提升产业竞争力

天津市北斗导航服务产品门类齐全，在港口物流信息化、城市管理信息化、电子政务等多个领域建立北斗卫星导航应用示范项目，通过在公安消防、政务资源信息共享、测绘、交通运输、航道管理和城市管理等行业的示范应用，加快推动天津市卫星导航应用技术创新及产业化研发，夯实天津市卫星导航产业发展基础，提升天津市北斗卫星导航战略新兴产业竞争力。同时，深化与国家卫星导航信息服务中心的合作，共同建立北斗卫星导航产业发展基金，持续推进天津市北斗卫星导航产业发展。

作为北斗导航卫星的重要应用项目，国家级首台套项目"基于室内外无缝高精度定位的消防应急救援应用平台"2012年通过国家发改委和财政部的审批，天津滨海高新区作为实验区，在全国率先开始建设。目前，该平台通过在地面建设基站，借助北斗导航卫星，并把室内外无缝高精度定位系统软件集成在手机芯片中，能够实现室内水平方向定位精确到3米、垂直方向定位精确到1米，室外水平及垂直定位精度均达到1米以内，相对于现有的GPS系统在10米左右的定位精度有了极大提升。该项目包括室内外定位系统、定位手机、消防专用终端、室内外消防地理信息系统以及消防灭火救援应用系统，融合了北斗导航、无线通信和移动数据通信等技术，通过室内外无缝高精度定位方法，借助北斗导航卫星，让地面移动基站成为"显微镜"，从而实现室内外精准定位。

（二）区域北斗地基增强系统助推产业发展

2014年3月，《天津市北斗卫星导航定位地面增强系统建设方案》通过专家组评审，天津市北斗卫星导航定位地面增强系统进入建设阶段。根据方案规划，天津市北斗卫星导航定位地面增强系统采用三频定位技术，具有系统初始化时间快、稳定性高、快速实现高精度定位三大优势，共建21个基站，2015年试运行。建成后的北斗卫星导航定位地面增强系统将覆盖天津全市域，并兼容其他卫星导航系统，为用户提供优于米级的导航位置服务和厘米级精密定位服务。通过在公安消防、政务资源信息共享、测绘、交通运输、航道管理和城市管理等行业的示范应用，加快推动天津市卫星导航应用技术创新及产业化研发，夯实天津市卫星导航产业发展基础，对提升天津市北斗卫星导航战略新兴产业竞争力，促进天津乃至全国卫星导航产业化的快速发展具有十分重要的意义。

三、河北

（一）出台多项卫星导航产业发展政策，推进卫星导航产业快速发展

2014年2月，河北省出台《关于推进卫星导航产业快速发展的意见》（冀政办函〔2014〕8号）。意见指出，做好国家规划确定的基础工程、创新工程、安全工程和大众工程等重大工程在河北的落地实施，为国家卫星导航基础设施的布局落户提供相关条件，配合做好北斗卫星导航系统在能源、通信、金融、公安等重点领域和行业的应用推广工作，要组织有关单位申报国家卫星导航重大科技和产业化专项。根据国家在行业准入、标准体系建设等方面的政策措施，配套制定河北的落实意见和实施细则。

为贯彻落实上述政策，在2014年3月，石家庄市出台《推进卫星导航产业发展实施意见》（石政发〔2014〕11号）。意见指出，石家庄市发展卫星导航产业，以国家级卫星导航运营中心、导航与位置服务国家工程技术研究中心、卫星导航定位系统与产品测试认证中心、卫星导航产业基地（即"三中心一基地"）为核心，着力发挥中国电子科技集团公司第五十四研究所等单位在检测认证、数据模拟源、终端产品等方面的技术优势，运用在卫星导航运营服务方面的先进经验，在智能交通、平安校园、老人关爱等领域开展北斗卫星导航应用示范系统等北斗应用试

点建设工程。

（二）聚焦北斗核心技术，开展自主高端制造

河北省以研发、应用、服务为重点，突破一批关键产业技术，培育一批成长性企业，构建从产品研发生产、应用系统建设到运营、检测认证等相关服务协调发展的产业体系。以石家庄为例，2014年5月，石家庄市决定设立卫星导航产业发展专项资金，积极推进卫星导航应用示范城市建设，2015年石家庄共安排高新区各类项目155个，总投资1604亿元，项目类别涉及高端装备制造、信息通信、新材料、孵化器等多个领域，其中大唐信息技术石家庄有限公司北斗卫星导航系统和定向声波系统产业基地项目于2015年4月正式开工。项目共占地400亩，总投资20亿元，基地建成后将主要承担北斗导航芯片化的实验和生产任务，预计年销售收入可达12亿元，利税总额可达5700万元，新增就业岗位3000个，是京津冀协同发展战略实施以来河北省引进投资规模最大的央企项目。

第十九章 长三角区域

第一节 整体发展态势

长三角地区包括上海、江苏和浙江等省市，电子工业基础扎实、人才资金齐备、市场资源优势明显、科研实力强劲、产业链覆盖较全，是国内主要的北斗导航产业研发、生产和应用地区，在芯片制造、天线制造等重点环节布局北斗导航产业发展，在高精度接收机研发、汽车应用生产和集成应用等方面具有一定优势，尤其在运营服务环节优势突出。长三角地区各省市通过需求牵引、政府引导、平台建设等多项手段，推动本区域北斗卫星导航规模产业化与示范应用。

第二节 重点省市

一、上海

（一）以智慧城市建设为切入点，实施北斗导航应用示范工程

上海市产业发展基础条件好，人才储备充足，配套设施及保障条件完备，注重北斗导航产业发展的研究和规划，稳步推进，注重实效。上海市政府将为卫星导航列为支持上海"智慧城市"建设的支撑技术和十大重点支撑产业之一，北斗卫星导航产业已被纳入上海市战略性新兴产业。为更好地对接国家战略，上海以市政府和总装备部的部市合作为平台，牵头实施"长三角卫星导航应用示范工程"，构建基于北斗的位置服务基础设施体系，建设北斗导航与位置服务技术创新基地、重点实验室、产品检测认证中心等共性技术平台。此外，上海市预先进行产业发展布局，积极对接国家资源，上海所承担的项目，覆盖领域为国内最广、综合程

度最高,重点增强北斗导航在海事航运、社会服务、车联网等多领域的示范应用。

上海还将北斗大规模应用于民生领域,搭建北斗(上海)位置综合服务平台框架,现已具备平台高精度定位、车辆监控服务、监控管理服务等基础服务能力,可覆盖上海地区和长三角部分地区,可为客户提供亚米级高精度定位服务。

(二)依托北斗产业化区域优势,建成北斗产业体系

为加快推动上海北斗产业发展,上海市制定发布的《推进战略性新兴产业"卫星导航"专项工程实施方案(2012—2015)》指出,2015年上海将基本完成兼容北斗的 GNSS 多模卫星导航与位置服务基础设施建设和改造。上海将以 GNSS 多模卫星导航定位和授时终端关键元器件及终端产品为重点,形成5—6家卫星导航核心企业,初步建成卫星导航产业体系,实现卫星导航产值超百亿元目标。

上海拥有百余家卫星导航应用与位置服务相关企业,国内导航相关的上市企业在上海都设有相应的研发机构或者分公司。上海卫星导航企业的产品和服务,涉及核心芯片和模块、应用终端、地图数据和引擎、系统集成、运营服务等各产业链环节,基本建成卫星导航产业体系,为推动北斗导航在高精度、车联网、位置服务上的示范应用奠定了坚实基础。

二、江苏

(一)电子工业基础雄厚,形成较为完整的导航产业链

江苏省科教资源丰富,软件和信息服务业位居全国前列,在电子信息业、军工装备制造业、芯片研制实力较雄厚,全省在卫星导航领域拥有300多家相关企业,已形成了较为完整的卫星导航产业链,其北斗卫星应用产业已实现产值550亿元。江苏省积极开展北斗综合应用示范项目工程,将在全省范围内推广智能工业、智能交通、智能公共安全三大领域应用北斗系统,完成北斗定位驾考与驾培系统、基于北斗的工程机械远程控制和施工管理系统、精细工业物流管理系统、智能交通、校园安全智能服务系统和城市管理综合应用示范等6个重点应用示范工程建设。该项目以综合位置服务平台为中心,总投资2.6亿元,计划在2015年完成10万台套终端应用规模,预计2017年末推广应用各类北斗终端数量超过100万台套,带动北斗终端产品的市场需求将达到25亿元以上。

（二）产业基地聚合初具规模，区域带动效用明显

以南京市为例。2014 年，南京重点开展包括强化重点领域应用推广、强化产业公共平台建设、强化组织领导协同推进、强化产业协同创新发展、强化产业项目集聚发展、强化产业发展环境营造等 6 大北斗专项工作，同时南京市发展卫星导航产业将以北斗为龙头，打造卫星通讯产业群，以高新区为主要载体，与国家、江苏省联手打造国家级卫星导航应用产业基地，现已集聚 50 余家卫星导航应用型企业。南京市与国家、江苏省合作共同构建北斗区域运营服务平台，逐步形成区域北斗位置运营服务体系。

三、浙江

（一）以芯片为基础，发挥北斗重点工程带动作用

浙江在北斗芯片、模块、终端、应用各领域，已经形成一定的产业基础。2014 年，浙江信息化发展指数达到 84.8，仅次于北京和上海。同时，随着信息基础设施的升级换代和智慧城市示范项目试点的推进，为北斗系统的应用推广创造了良好条件和巨大的市场空间。为促进北斗导航产业健康成长，2015 年，浙江将完成以北斗位置信息综合服务平台、北斗产业综合应用示范、北斗地基增强系统建设为代表的北斗重点工程，优先推进以保障海洋经济发展、城市公共安全管理为重点的一批政府应用工程，垂范应用模式，不断推动北斗卫星导航技术的示范应用推广。

（二）军地协力助推北斗产业发展

浙江积极开展军地战略合作，加大北斗导航系统在省内的应用推广力度，推动军民融合科技创新。2014 年 6 月，浙江省经济和信息化委员会同解放军总参谋部测绘导航局在杭签署《深化北斗产业发展战略合作协议》，在建设北斗技术协同创新中心、建设位置信息综合服务平台等五个方面深化战略合作，共同扶持产业化实体建设发展。根据协议，2015 年将完成以北斗地基增强系统、北斗产业综合应用示范为代表的重点工程，优先推进以保障海洋经济发展、城市公共安全管理为重点的一批政府应用工程。到 2020 年，集聚一批北斗卫星导航核心技术领先企业和应用服务龙头企业，形成较为完整的卫星导航应用产业链，拥有一批竞争力强的自主品牌，努力开拓服务国际市场。通过合作协议的签署，充分发

挥军地双方各自优势，探究积累寓军于民、统筹发展的创新经验模式，促进北斗导航应用产业的健康成长。

第二十章　珠三角区域

第一节　整体发展态势

以广州、深圳、中山为代表的珠三角地区，依托区位、资金、市场机制等优势，形成了以引进、组装、制造卫星导航终端产品为主的产业格局，是国内最主要的卫星导航接收终端设备生产集散地，也是北斗导航产业化推进和应用在全国处于先进行列。

珠三角地区卫星导航产业经过 10 多年的发展，已形成明显的产业集聚效应，全国 60% 以上的民用车载卫星导航仪都出自珠三角，是终端集成和系统集成环节的最主要区域。同时，珠三角卫星导航相关企业数量全国第一，是国内 GNSS 产业配套能力最强、应用市场最成熟的地区。

在北斗导航产业发展方面，珠三角地区广泛开展国家卫星导航应用示范系统工程，推广北斗产业发展，在测绘、航运、物流、机械控制等重点行业和关键领域全面应用北斗导航技术，并努力实现广东省卫星导航企业完成向北斗或以北斗为主导的双模格局转型的发展目标。此外，珠三角地区北斗概念上市公司也有好几家，如中海达、海格通信、深赛格、同洲电子等，是北京以外上市公司最多的地区，获得重大专项支持的非上市公司南方测绘也在广州。

第二节　重点城市

一、广州

通过近些年以产业支撑为基础的卫星应用产业发展，广州市逐渐形成了以 GPS 为主线发展的卫星导航产业链，不断拓展卫星导航销售和应用服务体系，形成了规模以上并具有较强竞争力的北斗产业集群，为北斗导航系统的产业应用推广奠定了坚实的基础。广州市依托"珠三角卫星导航应用示范工程"打造了基于北斗的公共运营服务平台，开展了城市应急管理、智能交通、综合执法、人身安全保障服务、公务用车监管等北斗应用示范。

广州市在2011年出台《广州市加强公务用车使用管理工作方案》，要求全市各级党政机关公务用车将安装我国自主研发的北斗卫星定位终端和身份识别设备，现已完成1万多辆公务车北斗终端安装，并在全市党政机关分批开展车载终端安装与运行调试工作，同时开展信息系统管理员培训，用技术手段强化了对公车的管理，产生了良好的社会效益。

二、深圳

深圳电子信息产业基础雄厚，资本市场活跃发达，开展北斗卫星导航终端整机研发和生产领域先发优势显著，在OEM板卡、电子元器件、北斗导航模块制造上优势明显，逐步形成了涵盖产品研发、生产制造、系统集成和运营服务等环节齐备的北斗产业链。深圳市在全国率先发布了《北斗卫星导航系统应用产业化实施方案》（深府办〔2012〕54号），为深圳市发展北斗导航产业做了一系列具体规划。一是重点在智慧交通应用、警务车辆管理、私家车服务与管理等方面开展先期推广北斗卫星导航应用。二是在更新常规及新能源公交、出租车和执法车、引航船或在相关车辆船舶加装卫星定位设备时，将使用北斗卫星导航系统单模终端或GPS、北斗双模终端。三是各运输企业要按照现有车载终端技术标准，在安装卫星定位设备时使用北斗卫星导航系统，并积极参与北斗智慧交通应用示范工作。到2015年深圳市将累计安排3亿元资金，用于资助北斗导航三大基础工程、产业化重点工程和应用推广重点工程的建设。

为快速提升深圳市城市信息和社会信息化水平，促进深圳卫星导航产业转型升级，深圳市成立北斗卫星应用产业化联盟。联盟以军民融合、产业融合、技术融合为工作原则，以适应国家战略需求，助力推进市场的形成与成熟为工作目标和任务，充分发挥产业化联盟引领作用，着力打造集卫星导航、时空信息、移动互联网、智能传感等应用技术的卫星导航产业创新平台。

三、中山

中山市电子信息产业集群产值超千亿元规模，也在积极争取成为国家北斗卫星导航产业（中山）基地和广东北斗卫星导航产业基地，拓展中山北斗卫星系统应用领域，推动相关产业发展。中山市着力打造广东北斗卫星导航产业化基地，不断探索区域经济发展与北斗产业融合发展的经验。2012 年 1 月，北斗城市应用示范项目落户中山，项目包含基于北斗导航技术的城市应急管理、城市综合执法管理、城市智能交通管理和人身安全保障服务等四大信息系统，以及一个北斗应用系统公共开发平台。2012 年 3 月，中山市政府与中国东方红卫星股份公司签订建设北斗卫星产业基地框架协议，中国航天中山北斗物联网产业基地落户中山市南区，分四期建设。北斗基地将按照"高起点规划、高标准建设、高效能管理"的原则，以智慧、生态、紧凑、融合发展为内核，通过北斗导航及位置服务带动传统产业产值不断增加，产出效益持续上升，工业增加值率大幅提高。

第二十一章　西部地区

第一节　整体发展态势

以四川、陕西、重庆为代表的西部地区，航天、航空部门的技术、设备、人才等优势明显，是我国卫星导航和位置服务行业重要的生产和应用基地。在北斗导航产业方面，西部地区侧重于军事、应急、防灾、减灾、地质监测等特殊领域的应用，发展以卫星零部件制造为主的产业格局，将会成为北斗导航产业最具发展潜力的地区之一。

西部地区充分利用国家重大专项实施与战略性新兴产业发展的历史性机遇，以及西部地区在我国区域经济发展特别是西部大开发战略中的区位特色、全国统筹城乡综合配套改革试验区建设与四川灾后重建所形成的产业发展基础，作为我国西部地区技术与人才高地所具有的智力资源条件、成渝经济区发展对高新技术与产业的重大需求与辐射效应等优势，组织建设北斗服务平台。西部地区以军工企业为背景，开展卫星导航技术研发，技术力量雄厚，拥有相关卫星导航企事业单位800多家，在北斗导航产业链各环节均有若干优势企业，如振芯科技、九洲电器、长虹电子等，产业基础坚实，龙头带动作用明显。

第二节　重点省市

一、陕西

（一）卫星应用产业联盟助力北斗产业发展

为加快发展北斗卫星应用，陕西省建立卫星应用产业联盟，重点建设8个GNSS（全球导航系统）连续运行基准站。"十二五"期间建设62个卫星导航定位连续运行基准站，建立覆盖全省的卫星导航应用综合服务平台。同时，积极研发以北斗系统为主体的多种卫星导航综合应用系统，为政府决策、应急保障、减灾防灾、资源开发、社会管理等提供持续、高精度的导航与位置信息服务。

（二）成立示范工作领导小组，推动北斗应用示范工程建设

2013 年，陕西省成立北斗卫星应用示范工作领导小组，研究制定了较为详细的工作计划并积极实施全面助推全省北斗卫星导航系统的深入应用，陕西省地理信息产业规模迅速扩大。同时，积极发展智能交通、现代物流、危运车辆监控、公交车 / 医疗急救车 / 出租车监控与调度管理等卫星导航定位应用服务，为全省各行业、各部门和城乡居民提供跨区域、跨行业信息共享的卫星导航综合应用服务。

西安市科技和航天力量雄厚，在发展北斗导航产业方面先天实力强劲。依托陕西省卫星应用产业联盟，形成了包括导航系统、芯片、终端电子地图、软件及系统集成、运营服务在内较为完整的北斗产业链。西安市确立了卫星应用 4633 工程体系，推动卫星遥感测绘应用示范、北斗物流系统监管、卫星数字发行三大示范工程建设，加快卫星导航应用综合服务平台、陕西宽带卫星通信主站平台、卫星遥感测绘综合服务平台三大平台建设。此外，西安市取得了第六届中国卫星导航学术年会承办权。第六届导航年会将于 2015 年 5 月 13 日至 15 日在西安曲江国际会议中心召开，年会主题为"北斗应用——开放、连通、共赢"，内容涵盖学术交流、高端论坛、展览展示和科学普及等各个方面，将极大促进陕西省在卫星导航领域与国际国内的学术交流和技术合作对接。

二、重庆

重庆加大推进北斗卫星导航系统建设力度，与其对应的软硬件系统研发发展迅速。2014 年 1 月，重庆北斗三星网络 CORS 系统正式建成，覆盖重庆市主城区及周边地区，覆盖面积达 7000 多平方公里。该 CORS 系统采用南方测绘自主生产的接收机，北斗产品在 CORS 系统的建设中正在逐步替代国外产品。2014 年 1 月，重庆北斗卫星地基增强系统建成。该系统通过多模组合，在定位精度、可用性、初始化时间等多项关键指标上优于国际当前 GPS 地基增强系统水平，可广泛应用于城市规划、国土管理、交通导航、城乡建设、基础测绘、环境监测、应急抢险等多个领域，是我国首个山地城市北斗地基增强系统。该系统成本低、效

率高、测量数据可靠，随着技术的进一步发展与完善，其市场应用前景非常广阔。

三、四川

（一）出台专项政策措施促进导航产品市场化应用

四川对于发展北斗导航产业相关业务进行规划，并拥有一定产业基础。《四川省"十二五"战略性新兴产业发展规划》提出，要结合国家重大科技专项，加快航天及卫星应用技术推广和产业化，重点推进四川北斗卫星导航产业核心技术与产品的产业化和示范应用，大力推动技术创新、产品创新、服务创新和商业模式创新，引导四川北斗卫星导航产业快速健康发展。

（二）建设时效性优于 GPS 的北斗卫星定位基准站服务平台

2014 年 5 月，四川省开始实施卫星定位连续运行基准站网项目建设，由 100 座北斗卫星定位连续运行基准站组成，是目前国内站数最多、覆盖范围最广的省级北斗基准站网络。2015 年 4 月 11 日，该北斗卫星定位基准站服务平台通过专家组验收，具备向全省提供高精度北斗导航与位置服务能力。经测试，平台支持的北斗卫星定位首次初始化平均时间为 34.2 秒，再次初始化时间达 2.8 秒。专家组认为其定位时效性与 GPS 卫星相当或更优越。在"十三五"期间，四川还将建 80 座北斗卫星定位连续运行基准站，实现每个县都有一个或以上连续运行基准站的预期目标。

（三）因地制宜，开展特殊领域北斗应用示范工作

2014 年，四川省北斗产业销售规模预计在 15 亿元。基于四川地域广阔、地质和社会环境复杂的现状，在北斗产业发展方面四川将继续加强在山地重大灾害预警、森林防火、公共交通管理等领域选定开展应用示范工作，促进产业发展。

以绵阳为例。作为北斗卫星导航产业区域重大应用示范城市，绵阳市将围绕智能公共交通、智慧旅游领域开展北斗的综合应用，建立城市智慧旅游服务体系和智能公交服务体系，推动北斗导航、互联网技术、地理信息、通信高度融合的终端产品规模化应用，做到区域信息资源整合共享。

第二十二章　华中地区

第一节　整体发展态势

以湖北、河南、湖南为代表的华中地区依托在测绘科学领域的科研和人才优势，尤其是武汉大学、解放军信息工程大学、国防科技大学等军地高校在卫星定位导航与测绘应用领域的研发力量和人才团队处于全国领先地位，逐步形成了以北斗高新技术人才培养、北斗芯片板卡研发、高精度北斗导航软件研制、高精度地理信息采集和测绘行业应用为主的北斗导航产业发展格局。

第二节　重点省份

一、湖北

（一）出台政策规划助力北斗产业应用发展

湖北省通过开展技术创新、产学研合作等手段全面推动北斗导航产业发展，构建了较完善的北斗导航产业集群，发展北斗导航产业可以拉动关联产业技术进步，推动智慧城市等领域智能化应用及相关服务业的跨越式发展，是产业结构调整和区域经济增长的"助推器"。2013 年 12 月，湖北省出台《关于促进北斗卫星导航应用产业发展的意见》（鄂政办发〔2013〕78 号），明确了北斗导航产业发展重点，一是加快北斗应用芯片的研发和智能终端产品制造，加强基础设施建设，大力开拓信息消费领域。二是统筹规划北斗产业发展，加快北斗应用示范建设，促进北斗产业科技创新，加强国际交流合作，规范北斗产业市场秩序。2014 年 10 月出台的《湖北省北斗卫星导航应用产业发展规划（2014—2020 年）》（鄂政发〔2013〕58号）指出，到2015年，湖北省北斗卫星导航产业产值达到400亿元；到2020年，实现湖北省北斗卫星导航产业1000亿元产值。培育1—2家规模产值100亿元以上的龙头企业，1亿元以上企业100家和若干高科技上市公司，共同角逐北斗导航应用市场。此外，湖北省还将采取完善政策法规支持体系，加大财政和政府采购支持力度，加强税收金融支持，加快各类信息资源的整合等手段，大力推进省北斗产业科学发展、跨越式发展。

（二）围绕北斗地基增强系统示范工程，促进中下游产业链形成

湖北省具有雄厚的汽车产业基础，对汽车导航前装需求旺盛，同时结合国家提出促进智慧城市健康发展的大背景，加大北斗应用示范的力度。2014年，湖北北斗产业以创新驱动为核心动力，围绕北斗地基增强系统建设、北斗智能芯片研发、智慧城市时空信息云平台建设等三大核心环节开展了一系列重要工作。开展北斗在长江航道、精细农业、现代物流、农村客运和民生关爱等5个行业的应用示范，组建支撑百万级用户规模的高精度位置服务平台，积极探索高端低用的导航与位置服务商业模式，持续促进湖北省北斗高精度芯片、终端制造和位置服务产业的综合发展。2015年，在政府政策激励和企业不断创新的双重驱动下，依靠省北斗产业得天独厚的资源和条件、越发坚实的技术储备，在已建成湖北省北斗地基增强系统示范项目的基础上，不断推进北斗卫星导航系统在湖北省的规模化、规范化应用，不断提升系统的服务能力，拓展服务领域，加强北斗在重点行业和领域的推广应用，加快推进北斗地基增强网全域覆盖，重点打造湖北省北斗产业发展的完整链条和差异化发展特色，赢得湖北发展北斗的主动权，催生千亿级的经济效益，推动湖北省经济跨越式发展。

（三）加快芯片研发步伐，把握北斗发展机遇

面向未来，湖北省将以汽车行业为发展重点，推动北斗导航产业和相关产业的融合发展，同时，还将重点设计研发手机智能芯片和车载智能芯片，继续大力研发基于国情监测的地质、水质等领域相关的专业应用智能芯片。

例如，作为国家863计划地球观测与导航领域全国唯一对接地，武汉市在北斗卫星导航产业的发展上有着诸多优势。武汉市通过制定北斗战略性新兴产业中长期发展专项规划，将北斗产业纳入"十三五"总体发展规划，并成立"武汉市北斗产业协调领导小组"，同时，通过"走出去"战略拓展海外市场，把武汉建

成北斗物联网的研发应用中心，加快推动北斗产业国际化步伐。依托"光谷北斗"的基础和经验，加快北斗应用示范的力度，重点在汽车前装和智慧城市等领域加快产业布局。

又如，老河口市着眼于实现智慧城市多元化、多渠道、多层次建设，在网格化社会管理、城市综合管理、应急指挥、城乡规划管理、学生安全监护等领域开展北斗应用示范项目，移动互联网应用和城市数据智能管理平台、城市时空信息云平台等原型也已完成，其中城市智能监测系统为2014环中国国际公路自行车赛老河口赛段"保驾护航"，北斗智能学生证等也已得到广泛应用。

二、河南

（一）开展北斗协同创新，推动北斗产业高速发展

河南省聚焦国家粮食生产核心区、中原经济区和郑州航空港经济综合实验区三大国家战略规划，大力发展高成长性产业和战略性新兴产业，推动北斗产业向高端和终端发展。"郑州北斗产业园"的建成，其北斗产业与郑州港区智能终端产业将成为"一东一西，一南一北"互动发展、相互提升、共同促进的产业，将为河南省"先进制造业大省"、"高成长性服务业大省"、"现代农业大省"的建设提供强有力的支撑，为智能终端产业的高端发展提供技术性和基础性的保障。

2014年1月，北斗导航应用技术协同创新中心在郑州正式启动，该中心是由解放军信息工程大学牵头，联合河南工业大学、河南省科学院地理研究所等军地13家高校、企业、科研院所共同创建的区域性北斗产业协同创新体。该中心发挥在北斗高精度授时和时间同步等方面的技术优势，研制了8800套电力时间同步系统和北斗授时模块，市场占有率达70%左右，实现了中原北斗产业在国内市场的局部突破。同时在基础建设、区域市场拓展中也取得了显著成效，中心成员单位河南北斗卫星导航平台有限公司建设的"北斗（河南）导航综合实验系统"，是中国卫星导航应用管理中心批准的河南省首个北斗典型示范基础建设项目，项目建成后将为行业用户提供分米级高精度导航服务。中心将首先瞄准中原经济区和郑州国家航空港经济综合实验区建设，重点在精准农业、智慧交通、冷链物流、安全矿山等产业应用北斗系统，尤其是在推动精细农业确保粮食核心区地位，开展地质环境监测预警及救援，逐步向经济社会全领域拓展。其次，深入探索"院校支撑、政府支持、市场主导、企业推动"的军民融合组织管理模式，

逐渐形成以北斗导航集成电路关键芯片研发制造等为核心的区域性产业链，着力培育军民融合创新基地、郑州高新区北斗云谷、郑州航空港区北斗产业园等北斗技术研发和创新成果转化产业基地，加速卫星导航自主产品占有率，推动河南北斗卫星导航产业高速发展。

（二）规划建设北斗产业园，着力打造北斗品牌

2014年，郑州成立了"北斗云谷"建设领导小组，委托国务院发展研究中心编制了高新区"北斗云谷"总体发展规划，正加紧与解放军信息工程大学、北斗卫星应用研究院等科研院所对接，谋划建设北斗产业技术研究院、国家级北斗重点实验室、国家级北斗用户机测试鉴定中心，总投资50亿元的"郑州北斗产业园"项目建设方案已通过专家论证。2015年，郑州高新区将依托区内解放军信息工程大学、郑州大学等科研资源优势和中国联通、微软云计算等产业优势，着力打造"北斗云谷"国家级品牌，围绕信息技术在智慧城市、智能工业、电子商务、信息服务等领域的应用，依托现有物联网、智能电子电器、智能装备制造、电子商务、软件网络与数据信息服务、广告创意等6大集群的发展优势，着力提升产业规模，引进投资10亿元以上项目5家，5亿元以上项目10家，新增10亿元以上企业总部10个，全年"新三板"挂牌企业总数达到50家。预计到2020年，"郑州北斗产业园"建设完成，实现销售收入1500亿元，其中北斗产业销售收入达到300亿元，带动相关电子信息产业的销售收入达到1200亿元，预计到2024年，北斗产业园实现销售收入3000亿元，其中北斗产业销售收入达到500亿元，带动相关电子信息产业的销售收入达到2500亿元。

（三）政府引领，军地合作推动北斗产业发展

河南省注重开展和推动北斗产业发展的基础工程建设。2014年9月，《河南省连续运行参考站北斗卫星地基增强系统建设可行性研究报告》通过了专家组评审会。河南省连续运行参考站北斗卫星地基增强系统计划投入2400多万元，到2017年系统建成后，北斗导航系统将可在河南省多行业和领域普遍运用，省内CORS站将从原来的57个达到93个，误差小于2.5厘米，将大幅提高导航和测量的精度。2014年10月，河南省国防科工局与总参谋部测绘导航局签订了《深化北斗产业发展战略合作协议》，双方将在共建北斗（河南）位置信息综合服务平台、支持北斗（河南）产业基地建设和共同扶持产业化实体建设发展等方面加

强合作，共同推动北斗导航产业在河南快速健康发展。目前，河南省北斗地基增强系统立项方案已通过专家评审，进入工程建设阶段。根据方案规划，河南计划升级建设 48 个北斗基准站、一个系统控制中心和若干个相关配套项目，是北斗产业化发展的"地基工程"和河南省北斗导航产业发展的"先行军"及"排头兵"。该系统建成应用将有效推动河南北斗信息化发展步伐，建设"数字河南"并为全省空间信息产业的快速推进，发挥重要的助推作用。

三、湖南

（一）启动应用示范工程，北斗导航产业链条初步形成

2013 年 12 月，湖南北斗卫星导航应用示范工程正式启动，是全国第三个区域应用示范区域。项目投资总额达 3.4 亿元，涉及工程机械、邮政物流、环洞庭湖北斗城市（岳阳）三个子项，将建成工程机械位置信息服务平台、覆盖全国的北斗邮政网运综合信息服务平台，以及洞庭湖船舶数字化管理、洞庭湖水利防汛指挥系统等，形成北斗卫星导航终端 10 万台套的装载应用。此外，湖南省将重点支持北斗导航系统向在林业、国土管理等领域和汽车制造、轨道交通等优势产业的应用推广，建立面向行业的位置服务平台。2015 年 1 月，湖南卫星导航定位公共服务平台（HNCORS）北斗信号加载调试工作已全部完成，这是全国首家且唯一能提供北斗信号的省级地基增强系统。目前，湖南省已拥有 85 个北斗基准站，信号基本覆盖湖南全境，和现有的系统共同运行，可为用户提供高效、便捷、权威的导航定位服务。

（二）发挥人才优势，提供产业发展智力支持

湖南省发展北斗导航产业具备强大的人才优势，能为北斗卫星导航产业提供强大的智库资源。湖南省拥有国防科技大学、湖南大学、中南大学、湖南师范大学 4 所国家"211"重点高校，以及 46 名两院院士、47 个国家和省部级重点实验室、120 所科研院所、34 万名科技人员。作为国家北斗卫星导航系统建设的主力军，国防科技大学卫星导航研发团队是国内唯一同时担任系统核心体制、卫星关键荷载、运控主体、测试设备研制任务的单位，国家超级计算长沙中心全球领先，为北斗产业发展提供了强有力的技术支撑。

（三）产业促进政策和发展资金齐备，规划建设北斗卫星导航产业基地

以长沙市为例。长沙拥有国内领先的北斗导航系统核心技术研发能力和建设运营能力，具备卫星导航产业快速发展的基础。为加快北斗导航产业发展步伐，长沙市设立北斗卫星导航应用产业发展专项资金（2014—2016），在高新区信息产业园建设北斗卫星导航产业基地，并给予购地、场地租赁等优惠政策和资金支持。2014年3月出台的《长沙市北斗卫星导航应用产业发展规划（2014—2020）》提出，到2016年形成100亿元规模的北斗导航产业集群，力争到2020年形成一个新的千亿级产业集群。目前，长沙90%以上从事北斗导航产业的企业落户高新区，湖南省、长沙市、高新区三级联动协同，形成了"产学研用"协同发展格局。

2014年10月，长沙市出台的《关于加快北斗卫星导航应用产业发展的意见》（长政发〔2014〕27号）提出在高新区信息产业园建设长沙北斗卫星导航产业基地。同时，以国防科技大学、国家超级计算长沙中心、中联重科、湘邮科技、麒麟信息、长沙中电软件园、长沙汽车产业联盟等单位为核心成员，组建长沙市北斗卫星导航产业联盟，形成一个面向北斗卫星导航领域的、以北斗产业集群内企业为主体的产学研合作组织，负责技术、产品和市场的管理，搭建公共服务平台，提供产业发展支撑服务。

园 区 篇

第二十三章 北斗产业园区总体概况

为加快推进北斗卫星导航系统的应用与产业化，促进北斗产业集聚，我国政府投资数百亿元，并出台一系列优惠政策扶持北斗导航产业发展。目前，全国各大省市都在打造智慧城市、平安城市、数字城市，作为实现智慧城市的核心技术之一，北斗系统通过定位、授时、导航、通信等基础功能，提供室内外导航定位融合系统、个人位置服务系统、车联网信息服务系统、生命安全服务系统、高精度专业服务系统、智能信息终端服务系统等六大系统解决方案，市场应用前景十分广阔。

截至2015年初，全国已经建立与北斗卫星导航相关的产业园区共计40余家。北斗产业园按照建设规模和服务内容可分为综合型和专业型。综合型园区主要涵盖芯片、模块、天线、终端的研发与生产，综合系统集成解决方案与行业应用服务等，专业型园区主要是结合当地市场特点推出特色化、专业化的产品和服务。

当前我国北斗导航产业仍处于初级发展阶段，园区规划同质化问题较为普遍，发展路径远未明晰，市场发展环境和产业集群建设不够成熟。由于园区大多都处于初创阶段，入驻企业、资金投入、人员配备等还未落实到位，对北斗导航产业的促进作用尚未充分体现，并未真正形成北斗导航产业的集群式发展。

表23-1　国内北斗产业园区一览表

序号	建设时间	产业园区名称	建设城市
1	2004年	航天恒星卫星应用产业园	西安
2	2009年	国家地球空间信息武汉产业化基地	武汉
3	2009年	河北卫星导航产业园	石家庄

序号	建设时间	产业园区名称	建设城市
4	2010年	上海浦东卫星导航应用浦东产业基地	上海
5	2010年	中关村导航产业示范基地	北京
6	2010年	重庆两江新区北斗卫星导航产业园	重庆
7	2011年	北京北斗卫星导航民用开发产业技术创新孵化器	北京
8	2011年	北京亦庄卫星导航产业园	北京
9	2011年	中国北斗卫星导航（南京）产业基地	南京
10	2011年	汕头卫星应用产业园	汕头
11	2011年	青岛胶州北斗卫星导航应用产业园	青岛
12	2011年	湖南省军民结合卫星应用产业园	长沙
13	2012年	广西中马钦州北斗产业园	钦州
14	2012年	山西太原北斗产业园	太原
15	2012年	赛格导航龙岗国家级卫星导航产业基地	深圳
16	2012年	甘肃北斗卫星导航产业园	兰州
17	2012年	上海北斗卫星导航应用产业基地	上海
18	2012年	广东省北斗卫星导航产业（广州）基地/海格民用产业科技园	广州
19	2013年	合众思壮卫星导航产业园	北京
20	2013年	天津武清北斗战略新兴产业园	天津
21	2013年	上海北斗启东产业园	启东
22	2013年	广东中山北斗卫星导航及位置服务产业园	中山
23	2013年	河北鹿泉卫星导航基地	石家庄
24	2013年	厦门国家北斗产业化应用示范基地	厦门
25	2013年	西安北斗应急产业园	西安
26	2013年	无线电集团海格通信北斗产业园	广州
27	2013年	中山北斗卫星导航产业园	中山
28	2013年	柳州北斗信息产业园	柳州
29	2013年	中国北斗东盟产业园	钦州
30	2013年	湖北秭归北斗卫星导航产业制造基地	秭归
31	2013年	中国北斗产业技术创新西虹桥基地	上海
32	2013年	甘肃北斗卫星导航产业园	兰州

（续表）

序号	建设时间	产业园区名称	建设城市
33	2013年	江苏南通北斗卫星导航产业基地	南通
34	2013年	四川省北斗卫星导航产业联盟	成都
35	2013年	固安卫星导航产业园	固安
36	2013年	江西赣州北斗产业园	赣州
37	2013年	昆山北斗产业园	昆山
38	2013年	上海嘉定司南北斗产业园	上海
39	2014年	国家级北斗科技城黄石产业园	黄石
40	2014年	信阳北斗卫星产业园	信阳
41	2015年	江门北斗卫星应用技术产业基地	江门
42	2015年	郑州航空港区北斗产业园	郑州

资料来源：赛迪智库整理，2015年4月。

第二十四章　重点区域北斗产业园概况

第一节　重点区域北斗产业园建设情况

为增强我国导航与位置服务产业自主创新能力，提高区域北斗导航产业发展水平，全国各地积极响应《国务院关于加快培育和发展战略性新兴产业的决定》（国发〔2010〕32号）、《国务院办公厅关于印发国家卫星导航产业中长期发展规划的通知》（国办发〔2013〕97号）等相关政策要求，投资北斗导航产业园建设。

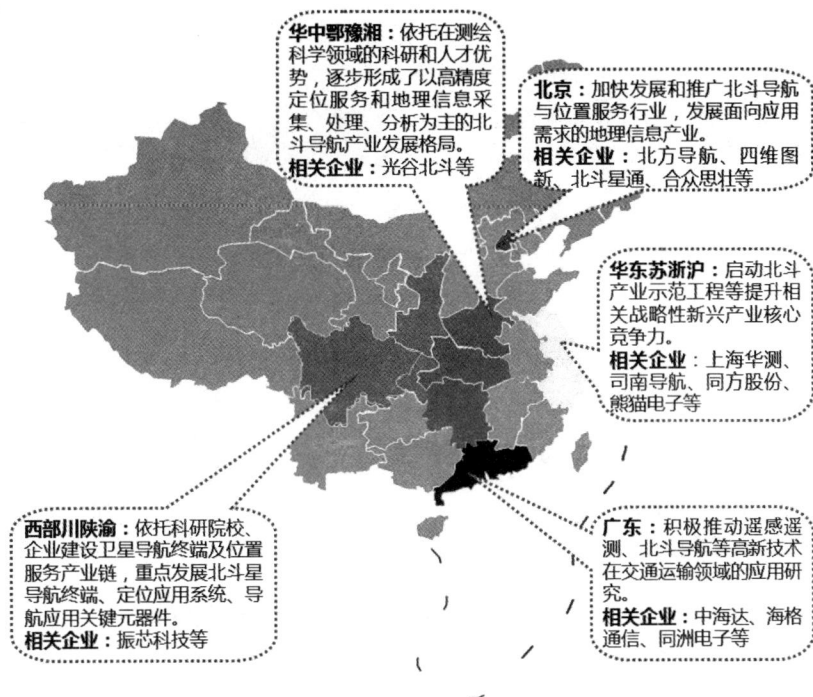

华中鄂豫湘：依托在测绘科学领域的科研和人才优势，逐步形成了以高精度定位服务和地理信息采集、处理、分析为主的北斗导航产业发展格局。
相关企业：光谷北斗等

北京：加快发展和推广北斗导航与位置服务行业，发展面向应用需求的地理信息产业。
相关企业：北方导航、四维图新、北斗星通、合众思壮等

华东苏浙沪：启动北斗产业示范工程等提升相关战略性新兴产业核心竞争力。
相关企业：上海华测、司南导航、同方股份、熊猫电子等

西部川陕渝：依托科研院校、企业建设卫星导航终端及位置服务产业链，重点发展北斗星导航终端、定位应用系统、导航应用关键元器件。
相关企业：振芯科技等

广东：积极推动遥感遥测、北斗导航等高新技术在交通运输领域的应用研究。
相关企业：中海达、海格通信、同洲电子等

图24-1　重点区域北斗导航产业推动点及相关企业示意图

资料来源：赛迪智库整理，2015年4月。

目前,我国卫星应用产业已经初步形成环渤海地区、长三角地区、珠三角地区、西部地区、华中地区竞相发展的产业格局,北斗产业园在环渤海、长三角、珠三角、西部、华中五大卫星导航产业聚集区涌现。区域内各主要城市正在积极布局产业园区建设和发展,如形成了以北京为中心辐射环渤海地区的电子地图数据采集和系统集成、导航芯片、OEM 板卡设计、位置信息运营服务产业链,和以上海、南京为中心辐射长三角地区的北斗导航产业研发、生产和应用集聚区,与以广州、深圳为中心辐射珠三角地区的卫星导航终端设备集散地等,区域竞争日趋白热化。

根据中国卫星导航定位协会的数据,预计到 2015 年底,我国卫星导航产业总值预计将超过 3000 亿元,将成为国民经济的新增长点。而到 2020 年,国内卫星导航与位置产业服务用户规模将成为世界第一,产业年产值将超过 4000 亿元。

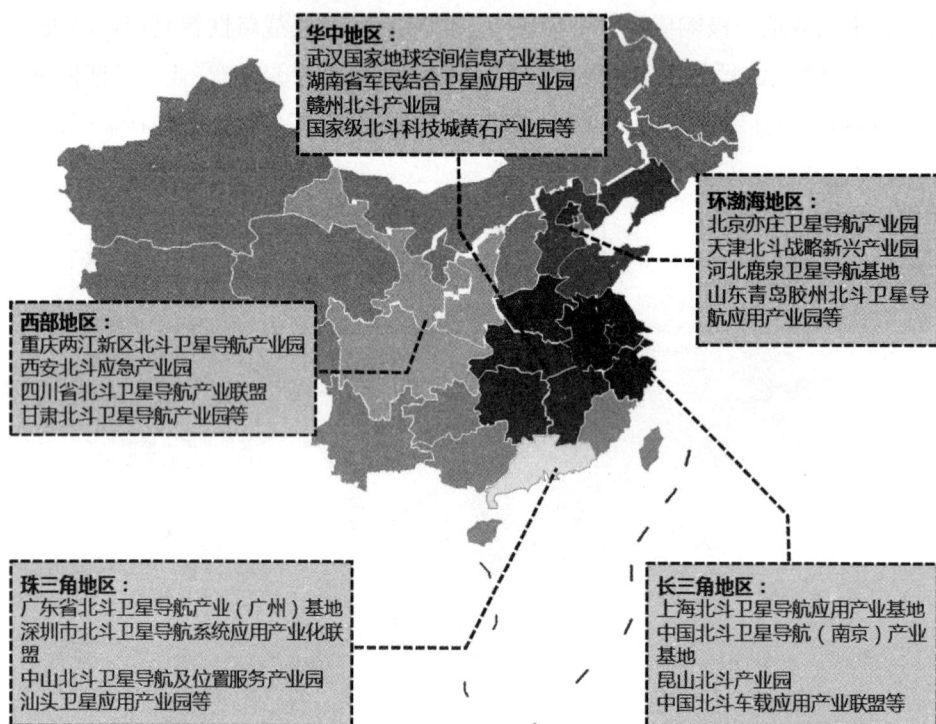

华中地区:
武汉国家地球空间信息产业基地
湖南省军民结合卫星应用产业园
赣州北斗产业园
国家级北斗科技城黄石产业园等

环渤海地区:
北京亦庄卫星导航产业园
天津北斗战略新兴产业园
河北鹿泉卫星导航基地
山东青岛胶州北斗卫星导航应用产业园等

西部地区:
重庆两江新区北斗卫星导航产业园
西安北斗应急产业园
四川省北斗卫星导航产业联盟
甘肃北斗卫星导航产业园等

珠三角地区:
广东省北斗卫星导航产业(广州)基地
深圳市北斗卫星导航系统应用产业化联盟
中山北斗卫星导航及位置服务产业园
汕头卫星应用产业园等

长三角地区:
上海北斗卫星导航应用产业基地
中国北斗卫星导航(南京)产业基地
昆山北斗产业园
中国北斗车载应用产业联盟等

图24-2 "五大产业聚集区"北斗导航产业园分布示意图

资料来源:赛迪智库整理,2015 年 4 月。

第二节　北斗产业园特点简析

一、政企建设为主，合作形式多样化

北斗产业园大多以政府建设为主，一般有三种形式。一是政府部门间合作共建，如天津北斗战略新兴产业园；二是政府与企业共建，如甘肃北斗卫星导航产业园、秭归北斗卫星导航产业园等；三是政府建设，吸引企业入驻，如中国北斗卫星导航（南京）产业基地。此外，近年也出现其他建设方式，例如由西安电子科技大学与昆山市政府共建的昆山北斗产业园、由我国政府与马来西亚政府合作共建的中马钦州产业园区等。

二、分布地区广泛，区域竞争明显

从产业园地理分布来看，2013 年以前大多集中于一线城市，如北京、上海、南京、青岛、重庆、长沙等；2013 年以后逐渐转向有政策优势的二、三线城市，如江苏启东、江西赣州、湖北秭归、湖北黄石、广西柳州和钦州等。北斗产业园的建设离不开技术、资金、政策的支持，因此产业园一般建设在经济发达、产业配套强、扶持政策多、市场需求较旺盛的城市，城市间的区域竞争日益激烈。

三、注重应用与创新，专业化园区受青睐

为避免园区同质化，一些北斗专业化产业园主打特色牌，着力构建针对北斗产业细分领域的特色服务平台，注重产业链关键环节的产品研发与产业化，围绕某一重点领域开展应用服务示范项目，受到市场的和企业的认可，例如西安北斗应急产业园主打基于北斗卫星导航技术的应急救援服务、上海司南北斗产业园自主研发和生产北斗高精度 GNSS 板卡。

第三节　产业园区发展存在问题

产业园区的发展与兴起本无可厚非，然而与其他新兴产业一样，北斗产业园的建设也存在许多问题。比如有的地方政府出于政绩需要，往往不顾实际情况，

比规模、拼设备，盲目跟风建设产业园区。这样既不利于产业升级，也不利于北斗产业的可持续发展。政府部门除了对产业园给予税收优惠、资金扶持等常规支持外，应进一步加大对北斗基础设施建设，鼓励企业对芯片、天线、模块、板卡等基础类产品以及北斗应用进行研究与创新的支持力度。因此，我国相关主管部门有必要对北斗产业园进行全国一盘棋式的分工和管理，形成有效的监管机制，势必会推动北斗产业更快、更好发展。一方面有利于为北斗应用产业提供评测认证、标准制定、项目研发、市场培育等方面的服务引导，另一方面将使得产业链上下游充分衔接，促进企业协调有序合理发展，逐步解决北斗产业"小、散、乱、低"的行业现状。

第二十五章　典型园区分析

第一节　中国北斗卫星导航（南京）产业基地

一、基本情况

中国北斗卫星导航（南京）产业基地成立于 2011 年 9 月，是总参谋部批准，总装备部支持，江苏省及南京市共同打造的国家级战略新兴产业基地。基地位于南京高新区的核心区域，首期规划 4.7 平方公里，重点打造"一园一中心"。"一园"即规划面积 4.2 平方公里的生产制造园，以终端设备制造为主，重点引入芯片和元器件、导航设备、移动通信设备、高精度终端制造及其他相关产业链上下游企业。"一中心"即规划面积 0.5 平方公里的研发运营区，以研发、检测、认证和运营服务为主要功能。中心的旗舰建筑"北斗大厦"由"两弹一星"元勋、北斗总设计师孙家栋院士题字，内部建有北斗产品检测认证中心、北斗位置网中心、北斗产业展示中心等公共服务平台。

南京北斗产业基地现入驻 70 余家军民结合企业，其中卫星导航相关上市公司及其投资企业 9 家，基地卫星导航企业 2014 年实现销售收入 46 亿元。2015 年，南京北斗产业基地将引进北斗卫星导航企业 30 家，集聚 100 名以上高端人才，新设公共服务平台（或技术中心）3 家，实现销售收入 60 亿元，努力把南京打造成为全国知名的北斗产业基地和行业应用示范区。

二、基地特色

南京北斗产业基地通过构建三大公共服务平台以及重点应用项目建设带动北斗产业发展。

（一）构建第三方检测认证标准体系，推动北斗检测认证业务

江苏北斗产品检测中心以总参谋部测绘导航局为指导单位，由南京市质监局、江苏北斗研究院、南京信息工程大学三方联合共建，被总参谋部测绘导航局确定为"国家北斗产品检测认证分中心"，成为国家重点布局的7个区域级北斗授权检测中心之一，是华东地区北斗产品指定检测中心。2015年将重点承接北斗检测认证业务，获取相关保密资质，参与制定第三方检测认证标准。

（二）依托北斗重点工程建设，创新地基增强系统运营模式

江苏北斗地基增强系统由江苏北斗研究院等单位牵头建设，为全省北斗用户提供亚米至分米级高精度定位服务，对接国家地基网络系统。目前已完成覆盖南京市域的一期工程建设，共6个基站。2015年，推进二期全省12个地级市骨干站建设及三期全省所有站点的建设，最终可提供区域米级、分米级、厘米级直至毫米级等不同等级、不同层次的高精度导航定位服务，并且探索形成地基增强系统运营模式。

（三）整合跨行业位置信息，构筑标准化运营服务体系

江苏位置网中心由江苏北斗研究院牵头建设。已整合了交通、水运、物流等行业近80万条用户位置信息，2015年将结合市场需求，建立1个跨部门、跨行业、跨领域、跨地域的江苏北斗公共位置服务平台，制定公共位置数据交换标准，具备数据共享、交换、分析、统计等功能，构建并承载6个示范应用业务系统，接入政务性管理位置信息、有关行业、企业和大众领域的各类位置信息，推进位置信息服务标准化运营服务体系，为国家位置网建设提供示范依据。

（四）推进北斗综合应用示范工程，打造区域位置服务平台

江苏省北斗综合应用示范工程已获国家北斗办和江苏省经信委的批准，计划用两年时间（2015—2016年）在交通、安全、工业等三大重点领域加快推进一批北斗示范应用工程，形成10万台北斗终端的市场应用规模。未来将重点打造一个区域位置服务平台，聚焦关系国计民生、应用基础好且产业带动力强的智能交通、智能工业、智能公共安全的智慧城市工程。

三、基地扶持政策

江苏省明确将南京作为全省北斗应用产业核心集聚区并陆续出台相关扶持政

策，自 2013 年起江苏省相关部门设立专项资金，定向支持入驻北斗产业基地的企业开展核心技术研发和产业转化。同时，南京市颁布《南京高新区关于加快卫星应用产业发展的若干政策》，重点内容一是设立 3000 万元年度专项资金，以支持卫星应用产业发展；二是采购区内其他企业产品用于产品生产和运营的基地内企业，给予每年不高于合同额 3%—5% 的采购补贴；三是作为项目资助，奖励 100 万—200 万元给卫星应用产业领军人才。

第二节　江西赣州北斗产业园

一、基本情况

赣州北斗产业园是在国家测绘地理信息局和中国卫星导航定位协会的大力支持下，由赣州北斗产业园管理有限公司负责开发建设及运营管理。

赣州北斗产业园项目总占地面积 135 万平方米以上，其中产业园项目占地面积约 90 万平方米，配套公园项目占地面积约 18 万平方米，产业园总部经济配套用地面积约 27 万平方米，致力将赣州北斗产业园打造成"公园式"北斗软件产业园和华南最大的区域运营中心，争取成为国家整个北斗产业系统的重要组成部分。项目建成后不仅将全面推进赣州的技术创新和产业升级，还将提高赣州城市品质，增强赣州城市影响力，并对整个江西省的发展升级提速产生极其重大的积极影响。

产业园具体建设内容为 6 个中心、1 个基地。6 个中心即卫星导航系统技术应用研发中心，城市智能化管理示范中心，国家级卫星导航产品认证分中心，应用终端生产制造中心，培训中心，展示中心；一个示范基地即北斗卫星导航系统的应用、研发、生产示范基地。项目将建成为集北斗卫星导航产品检测论证、北斗芯片及其应用软件开发、北斗卫星导航产品展示、技术研究与运营等为一体的综合性北斗产业园，力争把赣州北斗产业园打造成赣州乃至江西省最好的、最具规模的高新产业园区，将产业园打造成为华南最大、全国具竞争力、集研发、生产、应用为一体的北斗产业发展基地。

二、园区特色

在产业形态上通过引导、吸引和规划，在物理园区里面打造软性产业生态圈，建设一个国际一流的物理园区。

赣州北斗产业园具体要实现的，就是形成一个硬件创造者和一个软件平台创造者。

在硬件创造方面：

第一，赣州北斗产业园突破传统产业园规划建设的观念，最大限度地保留场地的原始地形地貌。通过这种规划，创造出一个非常丰富的、舒适宜人的物理空间，真正体现人文关怀、以人为本，能够帮助企业吸引和保留工作人员，保证物理空间有足够的吸引力，要大家使用方便、功能齐全，体验和感受特别愉悦。

物理空间环境打造的第二个层面就是功能配置，赣州北斗产业园不做简单的纯工业或者说纯写字楼，大概是有60%—70%以办公、高端制造研发为主的写字楼，有30%—40%是生活、商业用的。在物理形态上，园区就是Mix-use多功能的、混合型的、有生机活力的科技新城，让在这里的人可以工作、居住、消费、休闲、锻炼、培训，基本大多数需求都可以满足，而且是非常就近的、方便的、高品质地满足。

第二，软性服务方面，赣州北斗产业园建立起一个非常专业高效团队，给所有的入园企业提供包括工商税务、各种生活服务方方面面的配套，让企业在这里专注于自己的专业、领域，产业园管理者跟政府联手帮企业减少各种落户阻力，专心做好自己企业管理。

赣州北斗产业园在生态园区理念方面从两个轴向来考虑：

第一个轴向，引进龙头企业，带动上下游企业在最短的时间内形成食物链一样完整的产业链。

第二个轴向，园区分步建设，充分发挥赣州市特有的待遇、政策优惠、税收优惠和服务。重点孵化护持微小企业，培育产业链土壤。

在企业需求方面，赣州北斗产业园将为企业提供以下特色服务及支持：

第一，给入园企业提供好的环境，致力于打造一个国际一流的园区，配套齐全、服务周到，有很丰富的专业培训和基层文化生活的环境来吸引。

第二，给入园企业提供所需技术，这个行业刚刚开始从军用向民用商用方面转化，很多技术已经成熟，但是涉及到机密问题、涉及到使用人群的不一样，必须要有技术转换的过程。产业园引进北斗导航卫星应用工程研究院，并成立北斗江西省分院，全国第一个分院已经签了协议，落户园区；与国防科技大学合作成立研究机构，承接国家重点北斗系统科研，并承担相关科技人才的培养，同时与国防科技大学合作建设北斗导航卫星应用产品检测中心，为企业产品上市提供便利。

第三，给入园企业提供资金支持。园区与政府及相关行业企业合作，成立相关北斗产业基金，为入园企业解决后顾之忧。

第四，为入园企业寻求市场和项目。在当地政府及园区的主导下，与中科院云计算中心、北斗研究中心、国防科技大学等单位及相关领域专家，共同起草《赣州市人民政府关于促进北斗卫星导航应用产业发展的实施方案》，为入园企业创造商机和项目。

第五，为入园企业吸引并留住高管，同时培养稀缺人才。一是园区专门配了高端住宅给企业的管理人员和技术人员。教育方面，为入园企业的家属入学提供高品质学校配套。二是涉及到基础性的开发工作，园区协助企业培养中层乃至基层的技工人才。通过北斗研究中心机构和大学合作来培养人才。

三、园区扶持政策

（一）加快基础平台建设

在北斗产业园区搭建以北斗导航应用技术等相关的科技成果转化、培养高新技术企业和企业家、促进以北斗导航应用技术为主的高新技术产业发展为宗旨的科技创业服务孵化平台，打造成为创新创业人才培养的基地，是国家创新型科技园区建设的重要组成部分。赣州市支持北斗产业园孵化平台建立，并予以重点资金扶持，鼓励符合条件的项目逐步纳入孵化平台管理，推动北斗应用技术等专业技术、项目、人才和服务资源的集聚。

建设北斗卫星导航应用产业技术研发平台。以北斗卫星导航应用工程研究院江西分院、国防科技大学与赣州北斗产业园共建的研究机构（院）为依托，促成江西理工大学、赣南师院、江西应用技术工程学院等相关本地高等院校在赣州北斗产业园分别设立研究机构（院），使其尽快形成高新技术研发集群和具备自主研发能力的团队，争创国家级北斗卫星应用工程技术研究中心，并建成北斗卫星导航应用产品中试基地。同时引进外部研发机构和企业，形成门类较为齐全，实力较为雄厚的研发体系。重点研发基于北斗系统的多模射频芯片、基带芯片、授时芯片、北斗核心部件、导航终端检测仪器、通信和导航技术的关键模块，以及高精度区域增强系统等产品，构建北斗卫星应用终端产品研发环境、工程环境、产品试用环境，为北斗卫星应用产品提供技术支撑。

建设北斗卫星导航产品质量检测中心。在国防科技大学的指导和支持下，尽快建设北斗卫星导航产品质量华南检测认证中心。中心不仅能直接为入驻赣州北斗产业园提供测试服务，还能服务于华南地区用户，更好地提升赣州乃至华南地区北斗研发和应用研发水平，扩大北斗产业应用范围，树立赣州北斗产业区域优势地位，增强赣州发展在周边地区的带动力和影响力。

依托国防科技大学的雄厚科研及人才实力，重点打造北斗卫星导航应用高精度终端、差分接收机等核心技术门槛较高的导航产品研发和生产，并促进赣州基础优势产品和北斗应用相结合，加快北斗民用高端产品产业化，以确立赣州在国内卫星导航产业的地位。

（二）推动典型示范应用

依托国防科技大学的技术，以云计算技术为支撑，以智能终端为载体，建设集北斗卫星导航、定位、短报文通信、信息增值服务于一体的北斗卫星导航区域运营服务中心，争取获得国家北斗卫星导航民用服务分理资质。支持企业强强联合，在智慧交通、船舶游艇、城市管理，以及警务、政务车辆、应急指挥等领域先行先试，推进北斗民用服务。将赣州建成北斗应用推广示范区，打造具有辐射华南、服务全国的专业化行业运营平台。

鼓励现有基于 GPS 系统的行业应用向北斗系统转换，在典型行业建立试点、示范工程。重点支持北斗系统在指挥交通、城市应急管理、环境监测、警务人员及车辆管理等领域的示范推广，努力将赣州打造成为北斗应用示范城市。

（三）组织保障与政策扶持

1.建立协调推进机制

成立赣州市北斗卫星应用产业发展领导小组（下设办公室，简称"北斗办"，设在市政府办公厅），由市政府分管领导任组长。明确各有关部门工作职责与任务分工，发挥行业组织、产业园区的功能作用，形成高效有序的工作协调机制。

邀请行业知名专家学者，成立赣州北斗卫星应用产业专家顾问团，为赣州北斗产业应用研发、制造、运营服务提供决策咨询。

2. 加大资金投入

从 2015 年到 2018 年，每年从科技、工业发展、交通等专项资金中安排 1 亿元，设立北斗卫星应用产业发展专项资金，由市北斗小组安排调度，重点支持北斗研究机构（院）（含实验室）和中试基地、检测认证中心、孵化平台等的建设。引导、支持赣州北斗产业园发起设立以社会资金为主、财政资金参股的北斗产业发展投资基金、北斗产业创业投资基金，促进科技创新和成果转化，扶持孵化企业发展。

3. 加大财税方面的扶持政策

对北斗产业园建设中需缴纳的市、区两级相关税费，实行免征收的优惠。对北斗产业园建成运营后及入园研发机构和生产企业，其缴纳"三税"（增值税、营业税、企业所得税）属市、区留成部分头三年全额返回给予奖励，第 4—5 年属市、区留成部分 80% 返回给予奖励，第 6—8 年属市、区留成部分 50% 返回给予奖励。

4. 抓好项目落地

北斗卫星应用产业的研发项目、产业化项目和应用推广项目，由市北斗办统一梳理，落实项目牵头部门和参与单位，从早开展项目前期工作，及时组织项目申报，环环扣紧确保项目落地。同时，充分利用中央部委对我市实行对口支援的有利条件，积极搞好项目对接，争取国家和省的项目资金扶持。

市和开发区招商部门，要把赣州北斗产业园的招商引资工作作为"十二五"和"十三五"规划期内，市区两级招商引资工作的重中之重，指导协助赣州北斗产业园拓宽招商渠道，吸引更多的国内外优质资源和人才参与赣州北斗卫星应用产业的发展。

5. 实行产业扶持

对入驻北斗产业园的研发机构和生产企业实施的北斗关键性技术研究，产品研发和成果转化项目，可由市专项资金或北斗基金给予资金扶持。鼓励园区企业的北斗产品在公共事业管理中率先推广使用，并纳入本地产品公共采购目录，在同等条件下予以优先采用。

6. 完善人才政策

积极创造条件，在赣州北斗产业园建立院士工作站、博士后工作站。完善相关人才引进政策，鼓励引进产业技术领军性人才和企业管理创新型人才，切实增强北斗产业发展的人力资源保障。

将北斗产业园及入园企业引进的相关人才纳入赣州市《关于大力引进高层次人才的若干意见》的扶持奖励范畴。符合相关人才引进政策的入园人才在家属子女就学方面给予市重点学校就读安排；在社会保险缴纳标准等方面给予优惠。

第三节 广西柳州北斗信息产业园

一、基本情况

为加快推进北斗卫星导航系统的应用与产业化，并推动地方经济产业结构调整和转型升级，柳州市抓住国家自主卫星导航产业大发展的机遇，积极发展北斗信息应用产业，在2013年9月规划建设柳州北斗信息产业园，并同时成立柳州北斗产业联盟。

柳州北斗信息产业园位于柳州市鱼峰区洛维工业集中区，规划使用地面积500亩，以汽车配套产业为主，地理位置优越，基础设施完善。产业园的规划以"平台共享，发展共荣；环境提升，科技引领；生态低碳，持续发展"为原则，通过"筑巢、引凤、腾飞"的发展策略，重点发展以北斗卫星导航应用为主导的信息技术产业，集科技研发、总部办公、教育培训、加工生产、贸易展览等功能为一体，是立足柳州、辐射广西、接轨东盟的智慧型、生态型的富有柳州汽车城特色的北斗信息产业园。

柳州北斗产业联盟是由柳州市北斗卫星导航产业相关骨干单位联合发起，世界具有影响力的北斗产业研发、生产、测试、运营服务企业及其他相关单位自愿组成的非营利性区域组织。产业联盟以企业为主体，以北斗公共服务平台为纽带，以市场需要为动力，集聚北斗产业链各环节的优势资源，通过产业链的有效联动，推动柳州北斗产业的持续协调发展，促进北斗卫星导航、定位、授时产品和解决方案在各行业的广泛深入应用。联盟通过提供产品测试、项目推荐和对接、专利共享、推广应用等服务，促进联盟会员之间的信息共享和合作互补，推动政府制定利于北斗产业大发展的政策。

二、园区特色

柳州北斗卫星导航应用产业发展以车辆、船舶应用为契机，带动卫星导航终端、应用平台、测试平台、运营支持平台及地理信息系统的生产与建设工作，迅速实现北斗卫星导航的产业应用推广。同时，发展北斗地基增强系统，构建室内外无缝定位导航服务体系，以位置信息为支撑，向智慧城市、物联网、移动互联、应急救援、手机应用等领域逐步展开，拓展应用蓝海，形成在国内有较大影响、辐射东盟基于北斗定位技术的位置服务产业中心城市。

柳州北斗信息产业园根据国家建立自主定位导航授时体系和产业的战略需求，紧密围绕柳州发展战略性新兴产业战略目标和总体要求，以技术创新、应用创新为着力点，以把握产业链的优势环节为关键，以北斗信息产业园基地建设为载体，按照"培育龙头企业、行业集成融合、本地示范带动、辐射东盟十国"的发展思路，通过培育龙头企业形成产业聚集，进而推动柳州北斗信息应用产业的大发展。项目以行业集成应用为抓手，通过本地行业用户示范带动，引进与东盟国家之间的国际合作，开拓国际卫星导航系统市场，打造自主创新的新型产业集群，促进和引领柳东新区产业转型升级，支撑和推动柳东新区战略性新兴产业体系的建立和发展。

（一）总体目标

产业园的总体目标分为三个方面。第一，加强创新能力和技术支撑体系建设，突破核心关键技术瓶颈。第二，加快科技成果转化，不断促进北斗导航系统应用与产业化，完善北斗导航产业链。第三，形成北斗导航产业自主可控的应用服务能力，全面提升柳州在全国导航与位置服务产业核心竞争力。

（二）具体目标

1. 开展公众、行业及区域应用示范：研制导航与位置服务应用系统，为政府、企业、公众用户随时提供所需内容丰富的位置信息服务。

2. 建立人才创新平台、技术创新平台、产业创新平台：实施导航与位置服务科技创新工程，提升自主创新能力。

3. 构建国家定位导航授时体系框架：面向未来导航与位置服务需求，开展技术实验和验证。

（三）指标体系

预计2015年底，北斗信息产业园将形成30亿元产值规模，建成战略性新兴产业示范基地，培育全国性规模创新型北斗企业，形成多个产业示范和试验应用项目，形成科研、认证、时钟、定位、导航、配套、市场、贸易等互惠互利的产业板块，具有网络化、专业化、集中化、地域化的特点。

三、园区扶持政策

（一）产业化支持

1. 专项扶持资金：设立北斗信息产业发展专项扶持资金，对重点企业的产业化项目和规模化扩张给予扶持。

2. 支持企业购地：2018 年以前入驻的北斗信息产业企业，在柳东新区规划的指定园区内自建办公、研发、生产、制造用地，新区将按照相应地块挂牌起拍价的 50% 给予补贴。

3. 厂房租赁补贴：2015 年前按实际支付租金全额给予补贴，最高补贴额每年不超过 50 万元；2016—2018 年按租金的 50% 给予补贴，最高补贴额每年不超过 25 万元。

4. 鼓励产业联盟、行业协会等机构：通过认定的以区内骨干企业为核心成立的行业技术联盟、行业协会、会展中介服务机构等相关法人机构，根据该机构工作业绩，给予最高不超过 20 万元的资助。

（二）创新支持

1. 设立创新平台：对新获得国家级工程技术研究中心，按照实际新增仪器设备等投资额（不含土地）的 20% 给予一次性补助，最高额度不超过 200 万元。对设立自治区级、市级工程技术研究中心（含工程中心、企业技术中心、检测中心、重点实验室、示范基地等）的企业，分别给予 50 万元、10 万元补助。

2. 鼓励发展自主知识产权：申请人申请美国、欧盟和日本的发明专利，受理公开后每件资助 4000 元；对于国内专利的申请，申请人只要提交发明专利申请获得受理且提交实质审查的，申请人每件可得 4000 元资助。如果申请人的专利获得了美国、欧盟和日本的发明专利授权，每件资助 3 万元；获得国内专利授权，每件资助 2 万元；获得国内实用新型专利、外观设计专利和软件著作权授权的，每件资助 500 元。

3. 支持高新技术企业：经认证或复审为国家高新技术企业给予 20 万元补助。

（三）财税扶持

1. 贷款贴息支持：对年缴税总额大于 300 万元的企业，年内新增贷款按当期基准利率计算利息给予贴息，贴息总额最高不超过 50 万元。对年缴税总额大于 100 万元的企业，在年内新增贷款按当期基准利率计算利息给予贴息，贴息总额最高不超过 20 万元。

2. 支持企业上市：对于国内外新获批成功上市的企业，给予 50 万元扶持资金和 100 万元的奖励。

3. 企业税收优惠：北斗信息产业企业缴税总额超过 1000 万元（含 1000 万元）的企业，由新区财政按企业所缴纳增值税、新区本级所得税及增值税地方所得部分的一定比例分年度予以资金返还，返还年限及比例为：前三年 50%，后两年 30%。

企业 篇

第二十六章　北京华力创通科技股份有限公司

第一节　企业基本情况

北京华力创通科技股份有限公司（以下简称"华力创通"）成立于2001年，是中关村科技园区高新技术和"双软"认证企业，2010年1月在深圳证券交易所创业板上市。华力创通2004年起先后通过国家二级保密资格认证、国标GB/T1 9001-2000质量体系和国军标GJB 9001A-2001质量管理体系认证、武器装备科研生产和武器装备承制单位资格认证，具有服务国防军工的完整资质，具备开展北斗卫星导航系统军民用全领域应用设备研制的资质。

近些年，华力创通在承担军民用领域科研生产任务方面日趋成熟，自主创新能力和发展潜力不断增强。圆满完成国家863高技术科研任务、武器装备型号科研生产任务、国防科工局基础科研课题，以及北京市科技攻关与产业化项目，并承接了多项军用重点型号项目。获得"中关村十百千工程重点培育企业"、"中关村国家自主创新示范区核心区软件行业创新示范百强企业"等荣誉资质，连续两年入选"央视财经50指数"，并荣膺"十佳创新公司"殊荣和"福布斯2013中国上市公司潜力100强"。被认定为北京市卫星通信导航工程技术研究中心、北京市企业技术中心。华力创通还是中关村智能交通产业联盟副理事长单位、卫星通信广播电视用户协会标准化分会会长单位、全国工商联科技装备商会理事单位、中关村空间信息技术产业联盟理事单位、中国雷达行业协会会员、中国户外探险联盟战略合作伙伴、中关村软件园上市公司沙龙委员。

目前，华力创通拥有3大核心产品线、6个全资或控股子公司，业务范围涵盖航空、航天、舰船等国防科技工业领域和能源、电力、通信等民用高科技领域，产品市场覆盖华北、华南和华东地区。通过"通用服务＋定制开发"的服务模式，立足国防军工、辐射民用市场，逐步成为具有国际竞争力的电子系统承包商和电子设备供应商。

第二节　主营业务情况

华力创通是中国最早从事北斗卫星导航产品科研生产业务的专业公司之一，目前拥有卫星导航、仿真测试、雷达与通信三大业务板块。其中，卫星导航主要产品和技术覆盖了北斗卫星导航产业链上的重要环节，包括基带芯片、板块与模块、导航终端、高端天线、导航测试设备，以及基于位置的服务（LBS）等，市场占有率逐年攀升。卫星导航产品业绩占华力创通整个经营业绩的 40% 以上，产品和技术服务销量成为华力创通主营业务之首。华力创通军用北斗订单大幅增长，完成大批量产品生产和交付，2014 年北斗卫星导航业务实现营业收入 1.70 亿元，同比增长 135.09%，合同额增长超过 50%。

一、军用导航产品

华力创通是国内主要的军用北斗卫星导航产品和系统提供商。依托北斗军用导航技术的多年积累，向军队提供高性能、高可靠性的军用北斗卫星导航装备和配套产品。军用北斗卫星导航产品已批量装备各军兵种多种武器系统和作战平台，应用载体包括单兵手持导航装备、车载导航装备、机载导航装备、精确制导弹药和信息化作战指挥控制系统。承担或配套军品型号覆盖陆、海、空、二炮四大军兵种，有 10 余个细分型号产品。

二、民用导航产品

华力创通积极参与北斗卫星导航产品和技术的军民融合产业示范应用，推动北斗卫星导航系统应用落地。目前，面向交通、旅游、海洋、林业、公安、民政等行业应用领域，研发并批量生产北斗卫星导航、通信模块产品，包括北斗卫星导航手持产品、车载导航终端产品，基于北斗定位及通信的位置服务平台产品，已经在芯片、模块、终端及平台四个产品方向形成了 20 余款产品。

三、导航测试产品

华力创通专注于卫星导航仿真测试设备及系统开发，为卫星导航相关的专业技术及工程人员提供创新测试技术、产品及系统解决方案，为卫星导航核心技术开发、创新应用、产品测试、系统集成及计量检验提供高效的定性测试与定量测量工具。导航测试产品线已经形成支持 BDS、GPS、GLONASS、Galileo 四大导航系统全频点，提供面向星、空、地应用的高精度导航信号模拟仿真系列化模拟器产品。支持强实时闭环、伪卫星、北斗通信、干扰信号、定位定向、差分 RTK 以及信号存储转发回放等模拟测试功能。已经在卫星导航计量检验、制导武器研发、武器装备维护检测、系统总体论证、导航终端测试及生产线测试等应用领域形成系列化解决方案。

四、惯性与组合导航产品

华力创通掌握全国产化 MEMS 陀螺技术及产品，专注基于 MEMS 陀螺、光纤陀螺、激光陀螺的惯性导航以及 INS/GNSS 组合导航技术及产品研发，为客户提供各种精度等级，涵盖器件级、模块级、系统级的完善、先进的产品和解决方案，满足动态测量、稳定控制、多维导航、综合试验仿真及基础研发平台的应用要求，提供位置、速度、方位、姿态、角速度、加速度、时间等精准、实时的导航信息。同时，借助新型惯性器件及北斗卫星导航带来的技术革新，为客户提供升级替代产品和方案。

五、卫星通信导航一体化产品

华力创通在卫星通信导航一体化前沿技术领域，积极参与国家重大专项，承担了国家卫星移动通信相关重大项目，自主创新突破了低功耗通导一体化芯片设计等一系列关键技术，相关核心技术和产品将有望成为继北斗卫星导航之后，新一代卫星通信导航一体化应用创新的中坚力量。

第三节 经营战略

一、实施军民融合战略

华力创通深刻学习领会军民融合国家战略精髓，把握国家大力发展战略性新兴产业的历史性机遇，贯彻"立足国防军工，拓展民用市场"的市场开拓战略，优化产业链布局，拓宽发展空间。在军用领域，继续研发和推广使用具有自主知识产权的品牌产品，高质量完成武器装备科研生产维修任务。在民用领域，通过产业联盟等形式，积极布局全国各行业应用和典型示范应用，重点从交通运输领域切入，同时探索智慧城市、智慧旅游、通信授时、抗震救灾、测绘测量等领域应用，并根据民用市场需求，适时调整销售模式、完善营销体系。

二、发展导航综合服务

华力创通正在加快从技术项目营业模式向产业化经营模式转变，重点加大北斗卫星导航产业化综合应用的推广力度，以多产业融合及价值链延伸为先导，努力使卫星导航产业化成果惠及国民经济各行业，并使产业化成果转化成为华力创通收入增长的主要来源。北斗卫星导航的第一轮民用产业化应用以位置服务为主，华力创通在终端、平台方面有多项参与的切入点，并在交通运输、户外、集群通讯方面取得了一定程度的规模化应用。北斗卫星导航的第二轮民用产业化应用在位置服务基础上将向高精度应用拓展，应用领域更加深入、行业特征更加明显，华力创通已积极布局，并在住建、林业等领域取得一定进展。

三、增强核心竞争力

华力创通坚持走"高技术、高起点、高质量"的发展道路，确立了以自主核心技术为基础，技术、产品、市场、服务多方面密切结合的经营模式。基于完全自有的核心技术，重点研发关键元器件、模块、终端、组合导航和测试设备等相关产品，布局北斗卫星导航产业链上下游。对核心技术人员实施股权激励，增强技术骨干的归属感，确保全力以赴投入技术创新。通过保持产品创新能力、提高成本控制能力、增强市场拓展能力、跟踪行业发展趋势等措施，应对市场竞争风险。

第二十七章　广州海格通信集团股份有限公司

第一节　企业基本情况

广州海格通信集团股份有限公司（以下简称"海格通信"）是国家规划布局内重点软件企业、国家火炬计划重点高新技术企业、广东省北斗卫星导航产业联盟执行主席单位，2010年8月实现A股挂牌上市。海格通信现拥有海华电子、广州海格天立通、海格承联等17家全资、控股、参股子公司，拥有国家级企业技术中心及博士后科研工作站。

海格通信秉承国营第七五〇厂50余年的无线通信、导航产业历史，2000年注册成为具有独立法人资格的有限公司，经过10余年的快速稳健发展，海格通信主要技术领域现已扩展到包括无线通信、卫星通信、雷达电子、导航定位、频谱管理、芯片设计、信息服务等方面，涵盖整机设备及系统集成服务，是我国军用通信、导航及信息化领域最大的整机和系统供应商之一，也是行业内最具竞争力的重点军工电子企业之一。

第二节　主营业务情况

海格通信是北斗产业军民两用产品综合生产公司，主要技术领域包括无线通信、卫星通信、导航定位、数字集群、雷达电子、模拟仿真、海事安全、频谱管理、芯片设计、软件评测、民航电子、信息服务，涵盖整机设备及系统集成服务，是我国军用通信、导航及信息化领域最大的整机和系统供应商之一。针对北斗系统应用发展趋势，海格通信加大资源投入，依托行业积累和资本优势，通过并购、合作等方式不断扩大产业布局空间，致力于打造"芯片→模块→天线→整机→系统→运营服务"的北斗全产业链发展模式。2014 年北斗导航销售量同比增长 108%，全年获得超过 4 亿元订货，订单合同超过 4.6 亿元。

一、芯片

RX3901 多模多频双通道高精度射频芯片，是一款高度集成的多模多频段双通道高精度射频芯片，通道 1 支持 1.1GHz—1.3GHz 频段的卫星信号，通道 2 支持 1.5GHz—1.7GHz 频段的卫星信号，非常适合应用于高精度测量型接收机中。

RX3007F 北斗 B1 + GPS L1 双模双通道高精度射频芯片，是一款支持 BD2 B1 和 GPS L1 双通道同时工作的高集成度的射频芯片，可为用户提供高性能低功耗的 B1/L1 射频单芯片解决方案。主要应用于车载导航终端、Pad、手机等手持设备、船舶导航定位、个人定位终端。

二、模块

RXM605 北斗 RDSS 模块，采用邮票孔的表贴封装，集成了 RDSS 收发射频芯片、基带芯片、PA 电路（5W 或 2W）及 LNA 电路，可通过外接 SIM 卡及无源天线即可实现北斗一号的短报文通信功能和定位导航功能。RXM607 北斗 RDSS 四合一模块，采用邮票孔的表贴封装，集成了 RDSS 收发射频芯片、基带芯片、PA 电路 5W 及 LNA 电路，可通过外接 SIM 卡及无源天线即可实现北斗一号的短报文通信功能和定位导航功能。

三、天线

北斗 HT–03 型双频天线，用于接收 B1 和 GPS–L1 频点信号的便携式用户设备。北斗 HT–04 型天线，用于接收 RDSS–S 频点、发射 RDSS–L 频点信号的分体式用户设备。北斗 HT–07 型兼容机天线，用于接收北斗一代 S–S 频点和 GPS–L1 信号、发射北斗一代 –L 频点信号的用户设备。北斗 HTCBBL–055 天线，覆盖北斗 B1 和 GPS–L1 频段，具有小尺寸、低功率、高性能的优势，可广泛应用于便携式移动多模导航设备。

四、整机

北斗双模手持型用户机，能够同时接收北斗 RNSS 和 RDSS 信号，进行全球、全天候、全自动连续定位，并能提供报文通信、授时、地图导航等服务。北斗一体式用户机、指挥机，满足集群指挥需求，融合多种导航定位手段，提供全天候的位置、时间信息，弱信号跟踪能力强，兼容性与模块化设计，可与一代定位系统混合编配使用。北斗车载导航仪，由导航仪主机平板计算机、支架和导航软件等组成。平板计算机由触摸屏、CPU 处理模块、8G 电子盘、WINCE 操作系统组成。可配合北斗行驶记录仪使用，具有短信通信功能，通过获取行驶记录仪的卫星定位数据，以图像的方式显示在导航电子地图上，具有语音提示功能。北斗 /GPS 行驶记录仪，支持 GPS、北斗定位和双模三种定位模式，采用一体化设计，具有 BD 和 GPS 导航定位功能，以及短信通信和位置报告功能。主要应用于各种运输车辆、乘用车辆等。北斗车载监控终端，可用于各种车辆的监控管理。整机设备符合卫星定位汽车行驶记录仪有关的技术标准或规范，抗高温和湿热，具备良好的电磁兼容性、灵活可配置的功耗或规范，抗高温和湿热，具备良好的电磁兼容性、灵活可配置的功耗模式，在可用性、可靠性和安全性方面做了专门的优化设计。北斗车载双模型用户机，能接收 BD 和 GPS 导航信号，可实现多种模式下的连续实时定位、测速和导航功能，具有短报文通信和位置报告的功能。可用于各种车载的导航定位，以及各用户之间进行报文通信及授时。北斗 /GPS 船舶通关终端，由主机及配套电缆组成，是为海上渔船量身定做的小型化北斗 +GPS 定位及北斗 RDSS 通信终端，可同时提供北斗 /GPS 定位数据，进行全球、全天候、全自动连续定位，并可使用北斗 RDSS 的通信功能，完成与上级指挥机或监控中心的数据交流沟通，方便渔船船队作业与遥控指挥。

五、系统

（一）导航软件

导航软件是基于 WCE、Android 系统应用的车载导航软件；采用信息储存与显示缓存、路径快速规划算法、快速地图显示与存储、智能检索存储等技术，具有占用内存低、显示速度快、双模定位、易定制开发等特点。嵌入式导航引擎包含如下模块：数据模块、导航规划算法、地图压缩算法、图形模块、搜索模块、引导算法、矢量显示引擎、界面层模块，主要实现信息检索、地图显示、引导提示、规划导航功能。主要应用范围包括专业汽车厂商前装导航、车载机器厂商（后装）、烟草配送导航系统、消防应急导航、旅游景区导览、物流配送导航。

（二）营运车辆管理系统

营运车辆监管系统针对营运行业实际业务的需要和特点，利用卫星定位技术、移动无线通信技术、地理信息技术、网络传输技术、图像压缩传输技术等高新技术，实现对营运车辆的动态位置信息、车辆状态信息、违规行使现象等多种信息的采集，对车辆超速、超载、驾驶员疲劳驾驶和非核准驾驶人员驾驶等情况进行监管，从而加强对车辆和驾驶员的管理，提高车辆运行的安全性和企业处理突发车辆油耗情况；同时可对车辆加油的时间和地点进行有效管理。营运车辆监管系统适用于"两客一危"车辆、物流运输车、公交车及其他企业车队。

六、运营服务

（一）智慧城市解决方案

随着智慧城市建设规模的不断扩大，整体性的设计和指引也越来越有必要。针对城市各项问题，海格通信提供全面的智慧城市顶层规划服务，对智慧城市发展战略做出整体规划。智慧城市一般分为政务、民生、产业三个领域，城市管理、城市一卡通、智慧医疗、智能交通、智慧社区、智慧校园、远程教育、环境监控、智慧景区、虚拟城市、应急指挥、平安城市等，依据各城市规划的不同，辐射的行业和产业也有不同，但最终可汇聚为一张全景图。

（二）北斗综合指挥调度解决方案

北斗远程指挥调度系统基于北斗短报文通信功能，结合短波、超短波等无线通信手段，实现全天候、立体监控，提供远程指挥调度功能，有效应对突发遇险事件，保障户外作业人员及运输工具安全，实现在"无电力、无准备、无依托"恶劣条件下的应急通信。系统主要包括：指挥调度系统、遇险救生通信子系统、卫星遇险救生通信子系统、短波遇险救生通信子系统、超短波遇险救生通信子系统、险情处理及分发子系统和监控管理子系统等。

第三节　经营战略

海格通信凭借创新体制平台，建立以市场为导向、以用户需求为中心的市场营销体系，坚持技术与市场融合的科技创新战略，为用户提供高品质产品和优质服务，始终坚持"三不妥协"（安全不可妥协、品质不可妥协、正当经营不可妥协）经营原则，服务社会，回馈社会。

海格通信"以全球的视野，将海格通信建设成为世界无线通信导航领域的知名企业"为组织目标，构筑由"广州科学城海格通信产业园＋珠江新城海格楼＋北京总部基地＋北京海格科技园＋南京研究所＋西安高新技术产业开发区＋成都研究所"的地理布局，在市场竞争中逐步形成了相对优势，在行业中赢得广泛认可。

第二十八章　武汉光谷北斗控股集团有限公司

第一节　企业基本情况

武汉光谷北斗控股集团有限公司（以下简称"光谷北斗"）是唯一的国家级地球空间信息产业对外开展科技输出和科技援助的平台，以"北斗卫星导航及地球空间产业"为经营定位，向客户提供北斗卫星导航及地球空间产业全面解决方案。光谷北斗的主体经营范围：高新技术产品开发研究和技术服务，卫星导航基础设施建设，商业卫星配套产品运营，商业地产投资及经营，产业和股权投资。集团注册资金2亿元人民币，旗下有8家子公司，其中泰国2家、武汉4家、黄石2家。

光谷北斗以"北斗行业应用总承包为核心业务、北斗产品制造为成长业务、商业卫星营运为战略业务"的三大业务板块，致力于将北斗技术与应用在东盟地区推广普及，同时大力开拓国内市场应用，具有硕、博学位及中高级技术职称员工比例近80%。

目前，光谷北斗在东盟、国内的优势及市场需求日益凸显，集团将以核心技术为基础、以市场应用为根本、以人才团队为支撑、以全产业链为方向、以创世界品牌为目标，五年内建成实现销售收入超百亿、资产规模超百亿，国内一流、国际知名的高科技集团。

第二节　主营业务情况

一、北斗国际化取得了一系列丰硕成果

光谷北斗因北斗国际化而诞生，坚持"先国外、后国内，以外促内、内外并

举"的发展路径。已与泰国、马来西亚、墨西哥、俄罗斯、尼泊尔等开展了一系列卓有成效的国际合作，成为践行"北斗国际化"及"一带一路"国家战略的领先者与排头兵。

自2013年起，光谷北斗就与泰国科技部地理空间技术局在卫星应用科技研发、共同防范和应对灾害及空间信息产业化发展等方面开展了一系列合作，于2013年3月签订合作协议；2014年6月，光谷北斗在泰国建成的首批3座北斗CORS基站成功启动运行；2014年9月，光谷北斗与泰国科技部地理空间技术局、中国卫星导航系统管理办公室三方签署了共建《中泰北斗中心合作意向书》，打造中国首家海外"北斗中心"；2014年11月，北斗及卫星导航领域的合作被正式列入中泰政府间贸易、投资、经济合作联合委员会的重点合作计划；2015年1月13日，泰国科技部常务次长乌拉蓬·帕斯万率团到访湖北武汉，与湖北省人民政府和光谷北斗就共建"鄂泰技术转移中心"战略合作举行会谈并签署会谈纪要，三方将启动"鄂泰技术转移中心"的共建工作，光谷北斗负责"鄂泰技术转移中心"的筹建及日常运行管理。

继与泰国在北斗及地球空间信息产业领域开展一系列大型项目合作之后，光谷北斗还开拓与马来西亚、俄罗斯、墨西哥、尼泊尔等国家在北斗及地球空间信息领域的科技项目合作。

二、国内北斗产业示范与行业应用初现成效

光谷北斗着力于北斗在国内桥梁、矿山、交通、环保、农业、养老、医疗、电力、高铁、湖泊等重点行业的应用，"以项目总承包吸引企业抱团、以工程应用吸引行业集聚、以市场拓展助力产业做大"。

（一）中国—东盟北斗科技城的建设

2014年1月9日，光谷北斗与黄石市人民政府签订了《中国—东盟北斗科技城建设合作协议》，我国首个北斗国际化产业"样板间"落户黄石。该项目占地2800亩，总投资100亿元，旨在打造中国首个第五代高科技产业园区。项目建成后，将成为向泰国、马来西亚、印尼、柬埔寨、新加坡等东盟10国展示北斗科技的窗口、全行业应用的典范。2015年1月15日，"中国—东盟北斗科技城"在黄石市正式开工建设。

（二）黄石北斗应用示范城的建设

2014 年 1 月 9 日，光谷北斗与黄石市人民政府签订了《黄石北斗应用示范城建设合作协议》，旨在打造北斗在国内重点领域及行业应用的典范。2014 年 4 月 3 日，"黄石北斗应用示范城建设院士（专家）论坛"在黄石举办，光谷北斗首席科学家李德仁院士为黄石市委、市政府领导及市直各部门负责人等近 200 名人员进行了"北斗系统及智慧城市建设"的专题讲座。2014 年 5 月 19 日，黄石北斗城市运营股份有限公司（光谷北斗子公司）分别与大唐联诚、广州中海达签订了"黄石北斗示范城"项目战略合作协议。2014 年 8 月，光谷北斗完成了《黄石北斗应用示范城一期建设方案》（1+4 方案），主要包括：覆盖黄石的 10 座北斗 CORS 基站，北斗在矿山、养老、交通、农业等四个重点行业的示范应用。2014 年 9 月，首批 3 座北斗 CORS 基站在黄石建成。2015 年 1 月 15 日，黄石港区"北斗智慧居家养老项目"正式启动。

（三）以武汉为中心向国内其他城市拓展应用辐射

借助我国北斗产业快速发展的历史机遇，光谷北斗将"黄石北斗应用示范城"模式，积极向以武汉为中心的其他省份及城市进行复制、推广。2014 年 9 月 16—19 日，光谷北斗作为第 11 届东盟博览会主办方力邀的重点参展单位，通过 1 个 100 ㎡北斗特装展、2 场高规格会议、4 场签约仪式、7 场领导高端会见等活动，向国内外展示了光谷北斗的综合实力，带动了武汉北斗产业的抱团发展，提升了武汉在国内及东盟的影响力和知名度。2014 年 11 月 21 日，在第三届世界低碳生态经济大会上，光谷北斗与九江市人民政府签署共建"长江北斗智慧城市"的战略合作协议，将与九江合作建设首个长江经济带"北斗智慧城市"。

三、技术创新、标准化及科技成果转化取得优异成绩

（一）技术创新方面

截至 2015 年 2 月 28 日，公司成立仅一年多时间，已申请国内外知识产权登记 185 件，其中专利 168 件，已获知识产权方面授权 40 件，其中专利授权 17 件；2014 年，公司已成功取得"软件产品登记证书"并通过"软件企业"认定；被省科技厅、省财政厅等部门认定为"高新技术企业"；被武汉市知识产权局东湖新技术开发区分局评为"知识产权先进单位"；被湖北省科技厅认定为省级"国际科技合作基地"。

（二）标准化方面

光谷北斗 2014 年 7 月 25 日分别向国家质检总局、省质监局提交了《北斗地基增强系统基准站》（北斗 CORS 基站）的国家标准、省标准的立项申请。2014 年 8 月 29 日，省质监局以鄂质监标函〔2014〕348 号文件，批准了《北斗地基增强系统基准站》（北斗 CORS 基站）的省标立项。2014 年，公司已被国家标准委员会列为"北斗标准化明星企业"、入选"全国北斗卫星导航标准化技术委员会委员"。此外，2015 年 2 月 15 日，公司成功通过了 ISO 9001 质量管理体系、ISO 14001 环境管理体系、OHSAS 18001 职业健康安全管理体系"三体系认证"。

（三）科技成果转化方面

首先，公司转化应用了北斗 CORS 基站。2013 年，在公司总部运行了 3 座北斗 CORS 基站；2014 年 6 月 18 日，在泰国春武里府的 SKP 创新园运行了 3 座北斗 CORS 基站；2014 年 8 月，在黄石市建成了 3 座北斗 CORS 基站。其次，公司转化应用了北斗老人健康看护手表产品。产品具备紧急通话、呼叫救援、实时定位、云健康管理、运动量分析等功能，目前已率先在黄石港区的智慧养老示范项目中批量使用。

四、打造千亿级北斗产业集聚区

2014 年 3 月 18 日，光谷北斗与武汉理工大学共同成立"北斗技术与产业协同创新中心"，双方签订了《战略合作协议》。2014 年 9 月 18 日，"湖北省北斗智慧矿山与环境监测中心"在光谷北斗成立，旨在以北斗系统技术为基础、以矿山安全、环保、GIS 等领域的重大需求为牵引，在黄石建设湖北省最大的尾矿库监测中心。另外，由光谷北斗发起、国内知名企业参与的"武汉·中国光谷北斗技术创新应用战略联盟"已于 2014 年 12 月 18 日正式成立，光谷北斗以全票当选理事长单位。"武汉·中国光谷北斗技术创新应用战略联盟"以"北斗市场应用"为定位，以市场引导产业、以产业促进企业，开启了武汉地区北斗企业"抱团发展"的新模式。目前联盟会员近 40 家，其中上市公司 3 家、中央企业 6 家。联盟成员单位将围绕光谷北斗在海内外的市场应用，尤其是北斗在东盟国家的应用开展产业链全方位合作。

第三节　经营战略

一、战略目标

践行"北斗走出去"国家战略，以"打造国际知名、国内领军的北斗高科技集团"为发展目标，以"北斗行业应用总承包、北斗核心产品开发、北斗产业投资、商业卫星营运"为四大主营业务，力争 2020 年实现销售额、总资产额"双百亿"，培育 1—2 家上市公司。

二、战略原则

实施"走出去"战略，以东盟市场为桥头堡，实现光谷北斗的国际化战略；以外促内、内外并举积极开拓国内行业应用，不断提升产品和服务的市场占有率及品牌知名度；运用资金杠杆和市场手段，实施合资、合作及并购，形成以光谷北斗为龙头的完整产业链及产业集群；在较短时间内，把光谷北斗打造成国内一流、国际知名的高科技集团公司。

三、主要产品及行业解决方案

（一）北斗地基增强系统

北斗地基增强系统核心功能是向系统覆盖区域内的用户提供各种不同精度的位置服务信息。通过建立地面永久性的北斗卫星信号接收增强系统，为网络范围内各类警用、农业、防灾、桥梁、建筑等专用高精度终端提供差分解算数据，以实现厘米级、事后毫米级定位。2014 年 8 月 29 日，湖北省质监局以鄂质监标函〔2014〕348 号文件，批准了光谷北斗《北斗地基增强系统基准站》（北斗 CORS 基站）的省标立项。随着泰国应用的不断实施，北斗示范效应凸显，预计 2020 年前，北斗 CORS 基站需求量达到 100 亿个以上。

（二）北斗滑坡监测系统

北斗滑坡监测系统基于形变监测预警的及时性、准确性的市场需求，以卫星导航技术为核心，在山坡、采矿场边坡等地段安装北斗高精度定位终端，获取毫米级滑坡数据，用于山体滑坡、采矿区滑坡的监测及预警，为城市管理、安全生产、应急救援等提供科学化的辅助决策支持。系统具备"实时监测、智能报警、超前预测、动态评价"的优势。

（三）北斗桥梁安全监测系统

北斗桥梁安全监测系统综合北斗卫星定位技术、现代传感技术、信号分析技术、云计算技术等多个领域的先进技术，通过给桥梁安装北斗高精度定位终端，精确地监测桥梁结构局部及整体参数，实时获取桥梁厘米级三维形变数据及毫米级沉降数据，做出安全评估及桥梁坍塌事件的应急预警。相对于传统桥梁监测手段，北斗桥梁安全监测系统具备高精度监测、直接获取三维绝对坐标、24小时无人值守在线监测、实时显示监测点三维位移、恶劣气候环境下自动监测、各个监测点之间无需通视、海量数据存储等优势，监测效果远优于传统的桥梁监测系统。

（四）北斗智慧养老系统

北斗智慧养老系统利用北斗高精度定位，融合云平台、物联网、时空地理信息、智能感知等先进技术，搭建智慧居家养老平台及现代化居家养老呼叫中心，以具有定位、通话、体征监测等功能的北斗智慧穿戴产品及服务为载体，为老年人提供家政服务、康复保健、精神慰藉、紧急救援等全方位养老服务，通过健康管理中心的服务平台，健康管理团队及时分析，为老人量身定制健康管理方案，实现养老服务模式、技术模式和管理模式的三大创新。

（五）北斗智慧农业系统

北斗精细农业系统是基于北斗卫星导航技术、卫星遥感技术、地理信息技术、计算机自动控制技术和农业物联网的设计理念，利用北斗卫星精准定位的特性，实现从农作物自动耕作到生长过程中的监控与决策，到农产品流通环节的智能管理与溯源，实现农产品种植、生产到流通环节的高效智慧管理，包括自动驾驶、产量测定、流量控制、变量控制、播种控制、信息共享等应用模块，致力为广大农业生产者提供一整套优质先进的农机自动导航装备，使农业生产更高效、更简便、更安全、更可靠。

（六）北斗智慧石油管道巡检系统

北斗智慧石油管道巡检系统利用北斗高精度位置技术对油气管线进行巡检、实时监控及预警，并基于组件式地理信息系统技术建立油气管线信息集成管理系统，从整体上实现油气管道信息的数字化获取、处理、统计分析与应用。

（七）警用高精度北斗应急指挥系统

面对恐暴事件的应急指挥需求，光谷北斗开发了基于北斗高精度的应急指挥系统，该系统将通过光谷北斗独家开发的移动 CORS 建站技术和可穿戴式定位终端，协助公安警务人员快速搭建定位精度高达厘米级的可视化应急指挥系统。同时，该系统基于无人机等产品协助，迅速生成局部高精度影像地图，将广泛应用反恐应急、消防指挥、森林防火等高精度指挥领域，填补了该领域的空白。

（八）北斗平安社区警务民生系统

面对电瓶车防盗、儿童拐卖等社会现状，光谷北斗开发了平安社区警务联动系统。通过定制的北斗健康手表、电动车定位终端、北斗学生卡、电瓶防盗定位等小型化、易操作的系列民用终端，社会大众通过下载专用民生定位 APP，不仅在日常生活中利用北斗终端设备及时了解亲人位置信息，还可以在车辆被盗情况下通过一键报警模式，快速提交位置信息到警务位置云系统。警务系统 24 小时无人值守记录报警位置轨迹，并进行可视化警务追踪救援部署。该平台通过构建基于北斗的民生关爱服务与管理平台，为社区民众提供基于室内外定位的意外危险救助、入 / 离校告知、失踪追查等服务。

第二十九章　北京四维图新科技股份有限公司

第一节　企业基本情况

北京四维图新科技股份有限公司(以下简称"四维图新")成立于2002年12月,是国内领先的基于位置的大数据垂直应用服务、数字地图内容、车联网和动态交通信息服务提供商,是国内首家获得导航电子地图制作资质的企业,2010年5月在深圳证券交易所上市。四维图新始终致力于为全球客户提供专业化、高品质的地理信息产品和服务。经过10余年的发展,四维图新已经成为拥有8家全资、8家控股、6家参股公司的大型集团化股份制企业。作为全球第四大、中国最大的数字地图提供商,四维图新拥有世界先进的导航电子地图制作技术,建成了覆盖全国的导航电子地图数据库,并建立了全国最大规模的导航电子地图生产和更新网络体系。四维图新推出的各项产品和服务可充分满足汽车导航、消费电子导航、互联网和移动互联网、政府及企业应用等各行所需。在全球市场中,四维图新品牌的数字地图、动态交通信息和车联网服务已经获得众多客户的广泛认可和行业的高度肯定。

第二节　主营业务情况

在数字地图领域,公司一直关注大数据时代地理信息数据的整合与发布,通过专注地理信息数据研发,建设地理信息数据云平台,持续深入挖掘数据背后的商业价值。四维图新数字地图已连续11年领航中国前装车载导航市场,获得宝马、大众、奔驰等10余家主流品牌车厂的订单。四维图新通过合作共赢的商务模式在消费电子、互联网和移动互联网市场多年占据 50% 以上的市场份额，汇聚了腾讯地图、百度地图、导航犬等上千家网站地图和众多手机地图品牌，每天通过各种载体访问公司地图数据的用户超过 1.5 亿。四维图新率先在中国推出行人导航地图产品，并已在语音导航、高精度导航、室内导航、三维导航等新领域实现了技术突破和产品成果化应用。

在动态交通信息服务领域，四维图新拥有中国覆盖最广、质量最高的服务体系，已建成北、上、广、深等 30 余个主要城市的服务网络，高品质服务已连续五年 7×24 小时可靠运营。凭借在技术和市场的领先优势，依托全国最大浮动车数据平台，集成海量动态交通数据，四维图新可提供交通拥堵、交通事件、交通预测、动态停车场、动态航班信息等丰富的智能出行信息服务，处于国内动态导航的行业领先地位。

在车联网服务领域，公司建立了面向乘用车和商用车的车联网应用服务体系，致力于成为国际级 Telematics 解决方案提供商及国内领先的 Telematics 服务运营商，全面参与车联网和 Telematics 的市场竞争。2011 年，公司率先在国内推出品牌"趣驾"，依托模块化车联网服务云平台，为客户量身定制导航服务、车联网运维及一站式服务解决方案，推动公司由内容提供商向内容和服务提供商转变。目前，公司已经或即将为丰田、奥迪、大众、沃尔沃、长城等国内外主流车厂的车联网项目提供服务，并已在 2012 年宝马智能驾驶控制系统（iDrive III）中搭载了"趣驾"的部分功能，这是四维图新车联网服务商用化的重要里程碑。四维图新注重加强自主创新，依托北京、上海、西安、沈阳四大研发中心以及全国 35 个本地化数据实地采集和技术服务基地，重点研发了多项具有完全自主知识产权的核心技术和类别丰富的工具软件，得到行业的高度评价和市场的充分认可。

第三节　经营战略

通过 10 余年的努力，四维图新逐步构建了适应国际竞争的现代化企业管理制度和人力资源管理体系，企业管理水平稳步提升。着眼未来，公司将紧紧围绕国家战略性新兴产业的发展机遇，通过打造国内最好的综合地理信息云平台，进一步巩固在行业内的领先地位，借助现有优势快速获取核心技术，形成层次分明、布局合理和可持续发展的公司业务组合，谋取在地理信息服务领域的领先地位；

并通过抓住物联网、新能源汽车、北斗导航系统等新兴产业的发展机遇，成为具有国际竞争力、国内最优秀的综合地理信息服务商。

展望篇

第三十章　2015年全球卫星导航产业发展形势展望

第一节　发展趋势

一、卫星导航产品由单模向多模兼容并用发展

当前，全球卫星导航系统由多套系统组成，各系统间的兼容并存，使得系统应用由单一系统应用向多系统兼容应用转变，卫星导航终端产品用多模接收设备来替代单一系统的接收设备。对于用户来说，卫星导航产品的多模兼容并用，如手机和车载导航仪可以接收两种系统以上的信号，其使用体验、可靠性、定位速度、定位精度，都比单独一个系统要好，产品的使用价值得到提升，用户获得认可。对于产品成本，随着量的增加，单接收单一信号和同时接收两个系统信号的接收机，成本没有多大的差别。因此，全球卫星导航系统向一体化和多模并用发展将成为各国卫星导航产业发展的趋势。

二、以导航应用为主向导航与多技术融合应用发展

随着现代技术不断发展，卫星导航技术不断融合其他技术，尤其是与移动通信、互联网、大数据等，促进了系统应用与产业发展。卫星导航系统的定位、导航、授时（PNT）功能与移动通信和因特网等信息载体的融合，引起卫星导航产业与通信、互联网行业的信息融合化和产业一体化，产业融合发展加速演进。导航与智能信息技术相融合，以导航系统提供的时空信息为核心要素，提供更精确、更智慧的时空信息服务，可以渗透在信息产业的各个领域和环节。导航系统与电子地图、无线通信网络及计算机车辆管理信息系统相结合，实现交通管理和车辆跟踪等多种功能和车辆与外部世界通信，形成车辆信息系统。车辆信息系统将是

卫星导航系统在车辆应用方面的重要内容，与此同时，随着导航功能在通信领域的应用增多，个人消费将成为北斗市场的主流。

三、以销售终端产品为主向产品与服务并重发展

全球卫星导航应用市场逐渐由经销卫星导航终端应用产品为主向提供卫星导航产品与服务并重发展转变。近些年来，全球卫星导航产业运营服务所占市场份额平均达到60%左右，是市场份额增长最快的部分。在成熟的国家，运营服务占到其导航产业的70%以上。全球卫星导航市场的终端产品销售与服务并重发展，可以加速推动卫星导航产业的规模化和服务大众化的程度，卫星导航应用向多元客户、全域服务转变。

第二节　发展预测

近年来，随着美国GPS、俄罗斯格洛纳斯、欧洲伽利略、中国北斗四大全球卫星导航系统以及印度区域导航卫星系统、日本准天顶两大区域卫星导航系统的不断建设和升级，世界卫星导航应用已经进入全面快速发展时期。卫星导航产业现在已经到了向规模化、大众化和全球化发展的十分关键的转折时期，预计在未来的3—5年内，卫星导航产业将开始爆发性的增长。据估算，2014年全球卫星导航产业规模将达到1391亿美元左右，2015年预测达到1488亿美元，按年均复合增长率为7%，全球卫星导航市场规模到2020年约为2088亿美元。

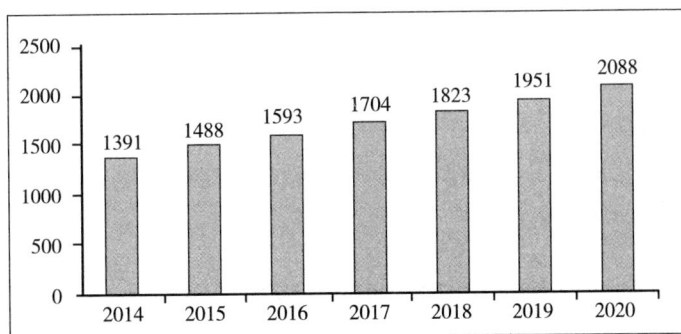

图30-1　全球导航系统应用市场规模（单位：亿美元）

数据来源：赛迪智库整理，2015年4月。

第三十一章 2015年中国北斗导航产业发展形势展望

第一节 发展趋势

一、北斗应用的规模和范围将进一步扩大

随着北斗卫星导航系统建设不断加强，应用功能不断拓展，以及一系列支持政策出台和国内外利好的发展形势，这些都将促进北斗应用将向规模化和多元化发展。北斗应用的规模和范围将进一步扩大。一是随着一系列支持政策的实施，将会为北斗产业提供一次重要的发展契机。从2013年交通部发布"两客一危"政策对北斗产业的带动效果——带动了100多家终端产品销售企业进入北斗领域、创造了2亿多元的价值、促使北斗芯片价格从2000多元下降到180余元等，从中可以看出，支持政策的实施，将在一定程度上带动北斗产业的发展。二是随着北斗系统获得国际海事组织的认可，其他国家的船舶也可以使用北斗系统，将会促进北斗系统在海洋渔业中的大发展。三是随着北斗卫星与数据挖掘、物联网等技术手段相融合，在智慧城市建设中将得到广泛应用，推动卫星导航功能成为智能手机、车载导航等终端产品的标准配置，促进了对弱势群体关爱、旅游出行、社会服务等多元化的应用。四是随着北斗产品应用及服务由亚太地区扩大到全球，北斗应用的范围将更加广泛。

二、北斗的高精度定位将得到广泛应用

随着北斗地基增强系统建设的全面起动和高精度定位技术已达到国际领先水平的"厘米"水平，将推动高精度定位的广泛应用。一是北斗地基增强系统开始全面建设。目前，北斗地基增强系统建设全面起动，建成后将可以增强信息修正

误差，实现米、分米甚至厘米级的高精度定位服务，可以给用户提供差异化服务，这将给国内导航企业带来一个弯道超车的机会。二是"羲和"高精度定位服务系统正式应用。"羲和"系统作为科技部《导航与位置服务科技发展"十二五"专项规划》主要成果之一，将会推动高精度定位的发展。根据科技部对"羲和"系统的总体发展规划，到 2015 年前，将在我国 3 个行业、10 个城市开展"羲和"系统的示范工程建设，并向全国逐步推广；开展在交通出行服务、大众位置服务、智慧城市、物联网、应急救援、精准农业等领域的示范应用；2020 年，应用推广要实现"百城亿户"的目标，通过提供高品质位置服务、创新应用服务与商业模式等，来提升市场容量、促进导航产业的发展。因此，随着基础设施的完善、技术水平的提升以及国家战略规划，高精度定位在室内外应用范围将会不断扩大。

三、运营服务将成为北斗发展的重要领域

随着北斗卫星导航系统的建设发展，其应用广度和深度将逐渐拓展，逐步从终端产品销售向终端产品销售与运营服务结合转变，运营服务产业也将成为北斗发展的重要领域。运营服务体系建设应以导航定位、定时、防灾减灾、环境保护等为服务对象，从卫星导航定位基础设施建设入手，避免低水平重复引进。随着我国北斗系统产品应用和运营服务已进入快速发展的关键时期，市场发展空间巨大，并且一旦实现产业化和规模化还将拉动中上游的北斗元器件、北斗终端等产品的需求。

四、跨界融合将成为北斗未来发展的主旋律

随着国家北斗时空服务体系架构的建设，北斗系统需要与智慧城市、物联网、大数据、移动互联网、云计算关联起来，当前跨界融合将成为北斗未来发展的主旋律。一是互联网思维在北斗的跨界融合。以互联网思维为代表的新的产业形态正在加速形成，而我国卫星导航技术应用正向深度化、综合化方向发展。北斗系统的产业化发展要充分利用互联网思维，实现互联网与卫星应用跨界融合。二是技术与产业的跨界融合将更加广泛而深入。北斗在智慧城市建设中更好地发挥作用，就要进行产业和技术融合创新。北斗卫星与数据挖掘、物联网等技术手段相融合，将在智慧城市建设中发挥作用。导航正逐步成为汽车、移动电话、移动互联网位置服务和所有电子信息终端的标准配置，北斗卫星导航系统今后将与高端制造业、先进软件业、现代服务业、综合数据业密不可分。如中国卫星导航定位

协会与中国城市燃气协会推行"百城百联百用"行动计划,共同推动北斗卫星导航系统在城镇燃气行业的一项深化应用一样,像这样的跨界融合将更会不断涌现。

第二节　发展预测

一、卫星导航产业总体规模测算

我国卫星导航产业已经形成一定规模,并且增速迅猛,未来市场不可小觑。根据中国卫星导航定位协会的统计数据,2012年我国卫星导航产业已达到1200亿元的市场规模,10年的产业复合增长率达到56.34%;2013年产业规模达到1560亿元;经由近几年数据分析以及形势判断,赛迪智库认为,2014年我国卫星导航产业的产值为2106亿元。

根据中国卫星导航定位协会发布的《中国卫星导航与位置服务产业发展白皮书(2013年)》,预计到2015年中国卫星导航产业的产值将超过2250亿元,导航定位终端的社会总持有量可达到5亿台左右;2020年的产值规模将达到4000亿元,导航定位终端的社会总持有量将超过10亿台。另外根据工信部的数据,目前我国手机用户接近10亿,汽车超过1亿,这些用户或多或少将用到与导航及位置服务相关的应用,因此,手机与汽车导航和位置服务的用户规模基本形成。

参考各研究机构预测和数据,通过对未来形势的分析、判断,赛迪智库认为2015年全国卫星导航系统产值将超过2636亿元,未来几年北斗的市场占有率将迅速提升。

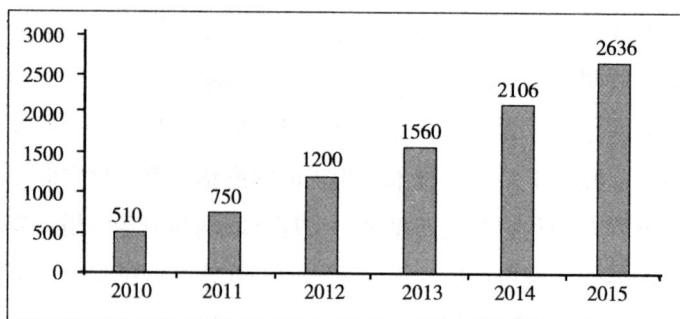

图31-1　卫星导航产业规模(单位:亿元)

数据来源:赛迪智库整理,2015年4月。

二、北斗卫星导航产业规模测算

中国卫星导航协会专家指出，在国家战略安全的环境下，北斗已在军用市场广泛应用，在民用领域的市场应用将会紧随其后。北斗产业正处于快速增长的窗口期，未来5—10年是形成国家级骨干企业和规模化市场的重要关键时期。根据《国家卫星导航产业中长期发展规划》发展目标，未来7年中国卫星导航与位置服务产业的市场规模复合增速将达到22%，而北斗及其兼容产品的复合增长速度将要达到67%。并据有关专家预计，2020年北斗应用将会占据国内市场份额的80%、国际市场份额的20%。

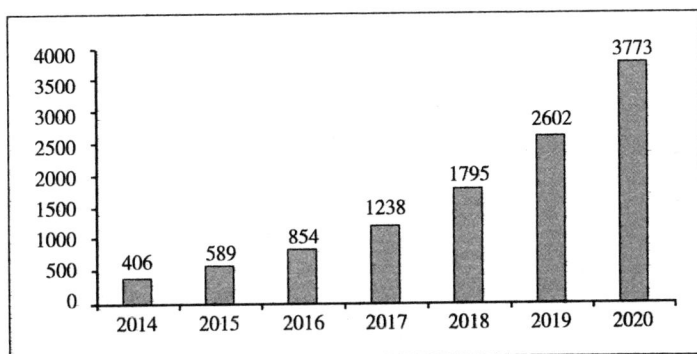

图31-2　北斗卫星导航产业规模（单位：亿元）

数据来源：赛迪智库整理，2015年4月。

赛迪智库认为，随着北斗专项工程的相应推出和北斗应用范围不断拓展，我国北斗卫星导航产业呈现出快速发展的态势，2014年产值达到400亿元，预计2015年达到近600亿元，复合增长率达到45%以上，到2020年将超过3700亿元。届时，北斗产业对中国卫星导航产业的市场贡献率将达到64%左右。

后 记

　　《2014—2015 年中国北斗导航产业发展蓝皮书》是在我国北斗卫星导航系统实现快速全球组网和北斗导航产业持续深入发展的背景下，由中国电子信息产业发展研究院赛迪智库军民结合研究所编写完成。

　　本书由王鹏担任主编。主要内容的撰写分工如下：汤文仙负责书稿的整体设计，李其飞负责具体组织实施并撰写政策篇；郭艳红负责撰写综合篇、热点篇、展望篇；马智伟负责撰写产业链篇、行业应用篇；孙聪负责撰写区域篇、园区篇、企业篇；汤文仙、李其飞、马智伟等负责修改定稿。

　　此外，本书得以付梓主要得益于工业和信息化部相关领导、卫星导航领域专家的悉心指导和大力支持。本书的出版，希冀能够引起国内外学术界、产业界共同关注，共同促进中国北斗导航产业的发展进步。

赛迪智库

面向政府 服务决策

研究，还是研究
才使我们见微知著

信息化研究中心	工业化研究中心	规划研究所
电子信息产业研究所	工业经济研究所	产业政策研究所
软件与信息服务业研究所	工业科技研究所	财经研究所
信息安全研究所	装备工业研究所	中小企业研究所
无线电管理研究所	消费品工业研究所	政策法规研究所
互联网研究所	原材料工业研究所	世界工业研究所
军民结合研究所	工业节能与环保研究所	工业安全生产研究所

编 辑 部：赛迪工业和信息化研究院
通讯地址：北京市海淀区万寿路27号电子大厦4层
邮政编码：100846
联 系 人：刘颖 董凯
联系电话：010-68200552 13701304215
　　　　　010-68207922 18701325686
传　　真：010-68200534
网　　址：www.ccidthinktank.com
电子邮件：liuying@ccidthinktank.com

赛迪智库
面向政府 服务决策

思想，还是思想
才使我们与众不同

《赛迪专报》　　　《两化融合研究》　　　《装备工业研究》

《赛迪译丛》　　　《互联网研究》　　　　《消费品工业研究》

《赛迪智库·软科学》　《信息安全研究》　　　《工业节能与环保研究》

《赛迪智库·国际观察》《电子信息产业研究》　《工业安全生产研究》

《赛迪智库·前瞻》　《软件与信息服务研究》《产业政策研究》

《赛迪智库·视点》　《工业和信息化研究》　《中小企业研究》

《赛迪智库·动向》　《工业经济研究》　　　《无线电管理研究》

《赛迪智库·案例》　《工业科技研究》　　　《财经研究》

《赛迪智库·数据》　《世界工业研究》　　　《政策法规研究》

《智说新论》　　　《原材料工业研究》　　《军民结合研究》

《书说新语》

编 辑 部：赛迪工业和信息化研究院
通讯地址：北京市海淀区万寿路27号电子大厦4层
邮政编码：100846
联 系 人：刘颖　董凯
联系电话：010-68200552 13701304215
　　　　　010-68207922 18701325686
传　　真：010-68200534
网　　址：www.ccidthinktank.com
电子邮件：liuying@ccidthinktank.com